U0137051

蔚理文叢03

天理良心

朱子學與陽明學
的對話論文集

人人需要一座橋，大儒是，庶人也是，原告被告也是。
台灣海峽兩岸的人民更需要一座橋。

呂榮海 歐東華 游孟潔
詹宏基 呂術魁 呂理聖　著

天理良心

朱子學與陽明學
的對話論文集

地　點：上饒市玉山縣懷玉書院　鉛山縣鵝湖書院
時　間：2023年8月21日至25日
主　辦：上饒師範學院、玉山縣　社科院中國思想史研究中心
承　辦：上饒師範學院朱子學研究所　懷玉書院
參加團體（之一）：台灣鵝湖書院群友

CONTENTS

CONTENTS

一、張載《正蒙》論：天理、陽明、仁

呂榮海輯

1、所謂**天理**也者，能悅諸比心，能通天下之志之理也；能使天下悅且通，則天下必歸焉。（《正蒙‧卷三‧誠明篇》）

2、窮理盡性，則性天德，命**天理**。（《正蒙‧卷三‧誠明篇》）

3、**燭天理**，向明，萬物無所隱；窮人欲，如專顧影閒，區區一物之中爾。（《正蒙‧卷四‧大心篇》）

4、故論生死明曰「有命」，以言其氣也；語富貴曰「在天」，以言其理也。（《正蒙‧卷三‧誠明篇》）

5、賢才出，國將昌；子孫才，族將大。（《正蒙‧卷三‧動物篇》）陽明勝，則德性用；陰濁勝，則物欲行。（《正蒙‧卷三‧誠明篇》）

6、仁，統天下之善；禮，嘉天下之會；義，公天下之利；信，一天下之動。（《正蒙‧卷七‧大易篇》）

7、仁通極其性，故能致養而靜以安；義致行其知，故能盡文而動以變。義，仁之動也；流於義，於仁或傷；

仁，體之常也；過於仁，於義或害。（《正蒙・卷五・至當篇》）

8、天體物不遺，猶仁體事無不在也。禮儀三百，威儀三千，**無一物而非仁也**。「昊天曰明，及爾出王，昊天曰旦，及爾游衍。」無一物之不體也。（《正蒙・卷二・天道篇》）

9、至於命，然後能成己成物，不失其道。（《正蒙・卷三・誠明篇》）

10、和則可大，樂則可久；天地之性，久大而已矣。（《正蒙・卷三・誠明篇》）

二、呂東萊的「人人需要一座橋·鵝湖之會」／補述程兆熊著《大地人物》（理學人物之生活的體認）

（注）：程兆熊博士著《大地人物》（理學人物之生活的體認）於2022年8月由華夏出版公司再版了，余補述了一篇：呂東萊的〈人人需要一座橋·鵝湖之會〉／一個人的完成之十五。黃宗羲編《宋元學案》也經全祖望、王梓材補述，前後歷兩百年完成。

距離南宋淳熙二年（西元1175年），宇宙又走了八百四十七個地球年（西元2022年），對宇宙來說，這是非常非常微小的一步，微小到幾乎可以視為不存在，但對地球來說，跨了八百四十七年，對地球人來說，大到可以跨過三十代，南宋淳熙年間那位據程兆熊博士所說「挽救了一個不敬的時代」的「泰山喬嶽」朱熹，他的三十代孫、「台灣海峽兩岸朱子文化交流會」創會會長朱茂男，在2022年7月15日主辦「朱子文化與書院文化」論壇，會中人們又續述淳熙年間「挽救了一個不開朗而狹窄了的時

代」的另一座「壁立萬仞」陸象山，續述他那「宇宙便是吾心，吾心便是宇宙」，當然，主要還有論述「泰山喬嶽」朱子。

八百四十七年之後的年代，又是一個「不敬的時代」，也是一個「不開朗而狹窄了的時代」，名嘴、網路、電視、報紙、Line群組，人們互相叫罵，人人有面臨戰爭、通膨的危機感，好似八百四十七年前面對金兵南侵的憂愁，人們抱怨多多，真是又一個不敬、不開朗而狹窄的時代。

這許多危機，出自人人缺乏一座橋，一座溝通歧見的橋。

淳熙年間，呂東萊（祖謙）搭了一座橋，簡單化的搭起了一座橋，用來溝通那位「泰山喬嶽」與「壁立萬仞」。八百四十七年來，三十代的人眾口紛紜，仍鉅細無遺繼續討論「泰山喬嶽」高，還是「壁立萬仞」高？討論還在繼續，沒有終點，許多人似乎忘了那座橋。直到有人再度提醒那座橋，提醒再了解那座橋。提醒：也可以簡單化，了解那座橋，簡單了解「人人需要一座橋」，一座「溝通歧見的橋」！提醒：《易》曰：「同人，大有」，「易」，簡單化也，簡單的理解，能找到和別人的共識，就能大有！人們已有的共識就是「泰山喬嶽」和「壁立萬仞」都很高，都是儒家的大咖，他們二人給了不敬的時代「敬」，也給了「不開朗而狹窄的時代」「開朗與開闊」。之後，在八百四十七年後又來到一個「不敬」又「不開朗」的時代，他們二人還可以再帶來「敬」與「開朗」、「開闊」嗎？仍是朱夫子與陸象山？二人之學可以

救世嗎？

　　同樣，人們不可或缺一座橋，如果忘了橋，只知試比高「泰山喬嶽」與「壁立萬仞」，就複雜化了，反之，兼見了橋就簡單化了，就一個人的完成，一個國家的完成，一個地球的完成了，一個宇宙的完成了。

　　全祖望這樣描述「泰山喬嶽」、「壁立萬仞」與「橋」：「宋乾、淳以後，學派分而為三：朱學也，呂學也，陸學也。三家同時，皆不甚合。朱學以格物致知，陸學以明心，呂學則兼取其長，而復以中原文獻之統潤色之。門庭徑路雖別，要其歸宿於聖人，則一也」。三家同時，為實，「皆不甚合」未必，簡單的看橋及之後朱、陸白鹿洞講會可知也。淳熙二年，呂東萊搭橋的「鵝湖之會」是「橋」的功能，這個「橋」已被文化界討論了八百四十七年。未來還會繼續很久，也許和地球、宇宙一樣久，陸象山已經說了宇宙。

泰山上壁立萬仞石刻（呂良遠攝，2019）

《宋元學案》序錄又說：「小東萊之學，平心易氣，不欲逞口舌以與諸公角，大約在陶鑄同類以漸化其偏，宰相之量也。」東萊不曾當過宰相，但確有宰相之量！也是他出生之前的一百年以來，他的先輩、先人呂蒙正、呂夷簡、呂公著，多人多次曾任相位，呂公著曾推薦過胡安定、周敦頤、二程、邵雍、張載，他要兒子呂希哲拜「程同學」為師，一下子提高了小程的知名度。他們家中有多與這些大學者接觸的家風，而相傳「多識前言往行以蓄其德」，自然有宰相之量，此話竟成為成語，留傳八百四十七年，未來還會繼續傳。東萊他在麗澤書院講學，張崑將說「麗」是「連接」，麗澤是「兩個湖」中間有水道連接，一湖缺水，另一湖自動給水，確保兩湖不乾涸，令人驚喜。是的，人與人心心相連，如《易》曰：「麗澤，兌，君子以朋友講習。」融會《論語·學而篇》之學習、朋友之樂，此麗澤之志為搭「橋」鵝湖之會的平日習行。「志」、「習」、「喻」的順序方法，就像陸象山在白鹿洞會講的明白，正是呂東萊麗澤之「志」與「習」而後「喻」的搭「橋」，他對陸象山的思想、文筆很了解，那一年陸象山參加科考，名字密封，但呂東萊一眼就看出「此必江西陸子靜之文」。是的，東萊也研究文學，編了《皇朝文鑑》，收集唐、宋十三家文，成為唐宋八大家的基礎，他還寫〈古文關鍵〉一文的文學評論，評介大宋的眾文人。

八百四十七年之後的時代，美國是「泰山喬嶽」，中國是「壁立萬仞」，世界形成2G，但少了一座「橋」，弄得世界不安。世界不安，簡單化的講，很多人忘了

「橋」！只有二座高山，沒有橋，二大國需要「橋」，需要「鵝湖之會」，世界才能和平，庶民才能安居樂業。

泰山喬嶽、壁立萬仞，兩高之間有橋（山東泰山，仙人石、仙人橋，呂良遠攝）

八百四十七年之後的時代，朱子學仍是「泰山喬嶽」，但力主「心學」的「新儒家」宗熊、牟、唐三位大儒，仍是「壁立萬仞」，仍然互相試比高？簡單化言之，八百四十七年之後人人仍然需要一座「橋」。人人仍然需要呂東萊在淳熙二年（西元1175年）已經搭起了那座人人需要的「溝通之橋」。

　　八百四十七年之後的時代，資本主義仍是「泰山喬嶽」，但社會主義也是「壁立萬仞」，雖然蘇聯已經解體，但中國大陸仍然講之「唯物論」，兩邊也需要一座「橋」。「唯心」（主觀的唯心、客觀的唯心）與「唯物」也需要一座橋。八百四十七年以來，地球就是忘了這座「橋」而紛爭不止，我們仍然需要這座橋，鵝湖之會是一座橋。

　　八百四十七年之後的時代，「義」仍是「泰山喬嶽」，「利」也是「壁立萬仞」，「義」與「利」之間也需一座「橋」，呂東萊主張「天理常在人欲中，未嘗須臾離也」（《東萊博議‧卷十一》），在義利之間建橋，開啓浙東實用學派及五百年後戴東原調和理、欲、情的努力，這樣，才不在胡適反對之理學之列。簡單化言之，理、欲、情之間，人人需要一座橋，溝通、平衡理、欲、情。

　　「經」是「泰山喬嶽」，「史」也是「壁立萬仞」，然亦有經輕史、史輕經的現象，呂東萊也搭起一座連通經史的橋，例如他力作《東萊博議》將經史互論，以史實為基礎，以經論之，並就史和《左傳》作不同詮釋。此種連結經、史的橋，開啓浙東學派如黃宗羲、萬斯同、全

祖望、章學誠，有「經世致用」學風，影響深遠。淳熙年間，呂東萊與事功派陳亮（王霸之論）與葉適（這個文人會打戰）皆為好友，兼容理、心、事功。五百年之後，有顧炎武、顏元講實學、天下郡國利病，也同於呂東萊的「講實理、育實才、求實用」。

東萊通經、史、文學，又想兼容理學、心學、事功學，加上呂氏有幾代的參禪學，於是，引來「博雜」或「駁雜」及「溺於佛」的批評，只因為他太前衛了，早了八百四十七年，在八百四十七年之後的時代，各種學科更多、更博雜，人們更溺於佛，佛寺比書院多很多，大得多了，甚至金璧輝煌多了。面對這麼博雜的事務，朱熹「主一」的說法很值得參考，年長東萊七歲的朱兄，值得參考。

人人需要一座橋，大儒是，庶人也是，原告被告也是。台灣海峽兩岸的人民更需要一座橋。東萊說「……世之所謂相反者，無如水火，而其理初未嘗有異……聖人使人於同之中觀其異，異之中觀其同……」、「人之相與，雖道合志同之至，亦不能無異」、「君子須當於異中求同」，七百年之後，大儒錢穆之學也「貴求與人同，不貴與人異」，唐君毅為學「求合於人，見人之是」，牟宗三融會儒學與康德，皆有「求同存異」，合於鵝湖之會搭橋的目的。可見：自個人、大儒以至於國家都需要一座橋，走上橋好好交流、溝通，才是搭橋之意，就這麼簡單。

程兆熊作品集 7

理學人物之生活的體認

大地人物

程兆熊 著

完人的生活與風姿之二

有的如和風甘露之溫純，有的如泰山喬嶽之高卓，
有的如皎月懸空之明淨，有的如汪汪萬頃陂之量度，
各本其氣質之差別，呈現赤裸裸的心靈，
做那個時代的見證人。

搭了一座橋，東萊完成了1175年鵝湖會，才1181年，呂東萊（祖謙）就辭世了，僅四十五歲，這麼年輕就完成了來宇宙的任務。但這座橋也被論述了八百四十七年，還會持續，其內涵廣遠。人迷路了，找出路，如果不能用Google地圖找路，那就設法回到迷路的地方，再仔細找找，就可能找到對的路（出路），就這麼簡單。淳熙二年的鵝湖之會及其後不久陳亮、辛棄疾的第二次鵝湖之會，涵蓋了理學、心學、事功學，鵝湖之會所搭的橋，就是八百四十七年來迷路的地方，回到那裏，再仔細查找，才能找到對的路。

　　人人需要一座橋！高如「泰山喬嶽」與「壁立萬仞」之間更需要一座橋！你會感到艱難的是，要在二座這麼高的高山之間搭橋，需要絕高的技術、資金、資源與機緣。所幸，這座橋已經在淳熙二年搭起來了。回首道來，這座名橋也宜感謝「泰山喬嶽」與「壁立萬仞」，是他們撐起了橋！因為兩座山很高，所以，橋也跟著高，三人誰也離不了誰，如果離其一，就沒有那麼高，或沒有那麼遠了，有趣啊！思及此，自然便引起了「敬」與「開朗、開闊」，在這個及那個「不敬的時代」與「不開朗而狹窄的時代」，如程兆熊博士所云。

程兆熊作品集 5

憶鵝湖

程兆熊 著

歷史、文化、山川、人物與農村的斷想

鵝湖山下稻粱肥，豚栅雞棲對掩扉，
桑柘影斜春社散，家家扶得醉人歸。

三、從周敦頤的「宇宙論」談──朱熹的「理氣不離論」與王陽明之「心即理」

作者：歐東華

緒言

《孟子》：

「……心之官則思，思則得之，不思則不得。此天之所與我者，先立乎其大者，則其小者不能奪也。此為大人而已矣。」（《孟子・告子・上》）。❶

孟子言說著「**天之所與我者**」，乃為人文道德化內涵的「天人之際」發展，將「天道」本體步步下貫而成為主體「德性」的思維，明言心性是源於天道。

《孟子・盡心・上》：

---

❶ 〔宋〕朱熹撰：《四書章句集註》，（臺北：鵝湖月刊社，2014）頁335。

「盡其心者，知其性也；知其性，則知天矣。存其心，養其性，所以事天也。」❷

言說著一份發自內心自覺的道德踐履，並且「盡心知性以知天」「存心養性以事天」是精神人格、生命境界提升的道路，**此般彰顯天道挺立之道德價值與目的**，使我們更明瞭人性就是來自於天道，天之所以為天的意義。

以上《孟子》提出此般心性是源於天道；**彰顯天道挺立之思想**。唐君毅（1989）在《哲學概論》（上）說：

……中國哲學之形上學，遂或為注重說明宇宙之生化歷程，之歷代之易學中所陳之形上學，或為直就人之道德行為，而探溯其根原於人之心性，而由心性以知天之形上學。……❸

唐君毅謂自《孟子》提出「**天之所與我者**」（《孟子・告子・上》）；以及「**盡心、知性、知天**」、「**存心、養性、事天**」的論述後，於是影響著後世儒學具備「天人之際」形上學的發展，亦即具備「宇宙論」的特色，形成三條路線：

1.「**注重說明宇宙之生化歷程**」；

2.「**歷代之易學中所陳之形上學**」；

3.「**直就人之道德行為，而探溯其根原於人之心性，而由心性以知天之形上學**」

---

❷〔宋〕朱熹撰：《四書章句集註》，（台北：鵝湖月刊社，2014），頁349。

❸唐君毅：《哲學概論》（上），（台北：臺灣學生書局，1989），頁123。

1.「注重說明宇宙之生化歷程」；

此言《孟子》「此天之所與我者」；《孟子·離婁·上》「是故誠者，天之道也」。[4]此「誠」就是天道，與《中庸》第一章：「天命之之謂性」，將此「誠」之形上義落實在人身上、《中庸》第二十章「誠者，天之道也」、[5]《中庸》第二十一章：「自誠明，謂之性」[6]等論說著天道誠體創生萬物，而涵遍於萬物個體轉化爲主體之德性；萬物之德性乃天道（誠體）所命、所賦，稱天賦誠德、誠性，即主體之眞實本心、本性。

2.「歷代之易學中所陳之形上學」；

此舉例《易·繫辭傳》（上）第五章之於《通書·誠上·第一》中引之：「一陰一陽之謂道，繼之者善也，成之者性也」，描述天道誠體藉陰陽之無間暢通創生萬物，於創生之際，天道本體涵遍萬物而轉化爲主體之德性，此般天道道德價值本體「生生之理」與「生生之德」的「萬物終始義」宇宙論內容。

---

❹ 〔宋〕朱熹：《四書章句集註》，（臺北：鵝湖月刊社，2014），頁282。

❺ 〔宋〕朱熹：《四書章句集註》，（臺北：鵝湖月刊社，2014），頁31。

❻ 〔宋〕朱熹：《四書章句集註》，（臺北：鵝湖月刊社，2014），頁32。

3.「直就人之道德行為，探溯其根原於人之心性，而由心性以知天」：

《孟子》「此天之所與我者」；此「盡心、知性、知天」、「存心、養性、事天」《孟子·離婁·上》「思誠者，人之道也。」❼之「心性學」：訴諸宇宙根源以論人性，所建構論「本心」之「道德主體性」。此般言說著主體以「道德行為探溯人之心性」「而由心性以知天」，乃為「心性學」與「天道學」結合，言人道「本心」與宇宙萬物、天道相應，直接訴諸宇宙根源——「天理」，以此而建立之「心性學」，乃為強調根源性思維之宇宙論。

依據唐君毅先生的分析，宋明理學之「宇宙論」思想可以從兩個層面認知：

其一、以知識性思維論宇宙與人性：

唐君毅所論1.「注重說明宇宙之生化歷程」與2.「歷代之易學中所陳之形上學」，傾向以知識性思維，建構之天道太極（誠體）宇宙論（天道論），以周敦頤「宇宙論」為例，其結合《易·繫辭傳》之「太極」陰陽之學，與《中庸》「誠」的形而上學，以知識性思維論宇宙與人性：吾人稱為知識性「宇宙論」的理學。乃為儒家思想立起一形上學依據。周敦頤、張載、邵雍、二程、朱熹，乃承此一脈。

其二、直接訴諸宇宙根源以論人性：

---

❼〔宋〕朱熹：《四書章句集註》，（臺北：鵝湖月刊社，2014），頁282。

唐君毅所論3.「**直就人之道德行為，探溯其根原於人之心性，而由心性以知天**」，強調根源性思維，直言天裡存於人心之中，訴諸宇宙根源──「天理」，建構論「本心」之「道德主體性」。這般直接訴諸宇宙根源──「天理」以論人性，強調根源性宇宙論的理學，使得從「宇宙論」到「心性論」，變得簡易直截了。陸九淵、王陽明承此一脈。

本文即以此其一、以知識性思維論宇宙與人性。其二、直接訴諸宇宙根源以論人性，為研究動機與行文架構。形成探索周敦頤「宇宙論」與朱熹「理氣不離論」與王陽明「心即理」之主軸篇章。

第一節　周敦頤「宇宙論」

北宋周敦頤乃「理學」之開山祖，在〈太極圖說〉與《通書》中，結合《孟子》、《中庸》、《易‧繫辭傳》、道家與陰陽五行等，所論道德化之「天人之際」思想與陰陽五行創生萬物等學說，建構天道太極（誠體）之宇宙論（天道論），此唐君毅言「**儒家之天道論**」[8]，用現代詞語即稱「宇宙論」（此引自西方的名詞，吾人視為與「天道論」同義）。

而表達此般「宇宙論」之章節如下：

---

[8] 唐君毅：《哲學概論》（下），（臺北：臺灣學生書局，1989），頁59。

周敦頤〈太極圖說〉：

「無極而太極（自無極而爲太極）。太極動而生陽，動極而靜，靜而生陰。靜極復動。一動一靜，互爲其根；分陰分陽，兩儀立焉。陽變陰合，而生水、火、木、金、土。五氣順布，四時行焉。五行，一陰陽也；陰陽，一太極也；太極，本無極也。五行之生也，各一其性。無極之眞，二五之精，妙合而凝。『乾道成男，坤道成女』，二氣交感，化生萬物。萬物生生，而變化無窮焉。

《通書・理性命・第二十二》：

「厥彰厥微，匪靈弗瑩。剛善剛惡，柔亦如之，中焉止矣。二氣五行，化生萬物。五殊二實，二本則一。是萬爲一，一實萬分。萬一各正，小大有定。」

《通書・誠上第一》：

「大哉乾元，萬務資始，誠之源也；乾道變化、各正性命，誠斯立焉。純粹至善者也。故曰：「一陰一陽之謂道，繼之者善也，成之者性也。」元、亨，誠之通；利、貞，誠之復。大哉《易》也，性命之源乎！」

《通書・動靜・第十六》：

動而無靜，靜而無動，物也。動而無動，靜而無靜，神也。動而無動，靜而無靜，非不動不靜也。物則不通，神妙萬物。水陰根陽，火陽根陰。五行陰陽，陰陽太極。四時運行，萬物終始。混兮闢兮！其無窮兮！「四時運行，萬物終始。」「混兮闢兮！其無窮兮！」

以上羅列者，周敦頤以人道和天道相通的整體觀爲基礎，提供以「太極」與「誠」之名的本體義，於〈太極圖說〉中，闡釋「太極」動而名陽，靜而名陰；陽變陰

合化生萬物的過程。又於《通書‧理性命‧第二十二》、《通書‧誠上‧第一》、《通書‧動靜‧第十六》等章，言說著太極（誠體）乃天道「純粹至善」之「道德價值本體」──「理」，大化流行之二氣五行相感交會，化生萬物而生生不息，吾人謂之「生生之理」；又太極（誠體）創生萬物之際，即遍涵於萬物個體，而轉化為主體之誠性（誠德），萬物得「各正性命」，成為有形有德之主體，吾人謂之「生生之德」。吾人詮釋此「生生之理」與「生生之德」之「萬物終始義」歷程，乃為以「天道下貫人道」之「全體大用」，稱為「天人之際」──「道德價值本體形上義」「道德原理」宇宙論（天道論）。此般「本性學」、「心性學」結合「宇宙論」之學說，為儒家思想建立起一形上學之依據，影響著後世儒學「天人之際」、「形上智慧」的發展，開創有別於傳統儒學之生命學問，此般自北宋周敦頤以下之「新儒學」，稱「理學」。

一、周敦頤〈太極圖說〉之「宇宙論」

　　〈太極圖說〉的宇宙論，分別以其一，「宇宙創生論」與「宇宙本體論」合稱「生生之理」；其二，太極大化流行之落實而轉化為主體「德」性，稱「生生之德」，此兩大領域：

　　〈太極圖說〉

　　無極而太極（自無極而為太極）。太極動而生陽，動極而靜，靜而生陰。靜極復動。一動一靜，互為其根；分陰分陽，兩儀立焉。陽變陰合，而生水、火、木、金、

土。五氣順布，四時行焉。五行，一陰陽也；陰陽，一太極也；太極，本無極也。五行之生也，各一其性。無極之眞，二五之精，妙合而凝。「乾道成男，坤道成女」，二氣交感，化生萬物。萬物生生，而變化無窮焉。

（一）「生生之理」的「宇宙論」

周敦頤〈太極圖說〉

無極而太極（自無極而爲太極）。太極動而生陽，動極而靜，靜而生陰。靜極復動。一動一靜，互爲其根；分陰分陽，兩儀立焉。陽變陰合，而生水、火、木、金、土。五氣順布，四時行焉。五行，一陰陽也；陰陽，一太極也；太極，本無極也。

闡述太極道體爲宇宙生化之根源，既稱無極又稱太極，「無極」指稱虛無而寂之天道原處，「太極」則指稱天道乃創生萬物之能量本源與起始處，總此「無極而太極」，乃指稱「即存有即活動」之天道本體。

「太極」動而生陽，靜而生陰，並以「陽」名此已動之狀態，以「陰」名此靜止之狀態，「陽」動到極點，即轉化成靜止狀態而產生陰性，「陰」靜到極點，又重新轉化進入「陽」「動」狀態。此「動陽靜陰」並非對立，乃是互爲轉化，相互因對方發展到極致而產生的。所以說一動一靜，互相成爲對方的根源，乃「循環無端，互爲終始」，陰陽動靜作用的「基本原理」。

太極**「動而生陽」「靜而生陰」**，遂言**「分陰分陽，兩儀立焉」**，兩儀者即陰與陽兩股能量的確立，這兩股能量的**「陽變陰合」**，進入「互動」而變化融合的感應

狀態，而生「水、火、木、金、土」，此乃萬事萬物的基本原素。亦即「靜陰、動陽」循環無窮，彼此持續互動消長，相交相感化生五行，此陰陽二氣與五行相互作用進而創生萬物，萬物都是由於陰陽二儀和水火木金土五行之氣，相互作用構成。吾人乃稱此宇宙論之起源於陰陽兩股能量的互動，此陰陽二氣與五行相交相感而創化萬物，整體形成生生不息的動態架構，對於此，我們稱爲太極道體之「大化流行」。

「**五氣順布，四時行焉**」太極（道體）「大化流行」之義，也包含四季（四時）生化等一切循環不已的生生變化，以上所論：陰陽動靜作用的「基本原理」；與陰陽五行在宇宙間創生萬物的「大化流行」，吾人謂之周敦頤太極（道體）的「宇宙創生論」。

「……**五行，一陰陽也；陰陽，一太極也；太極，本無極也。**」[9]周敦頤論述前所言之「宇宙創生論」後，將思考模式逆推，言五行本來就是由於陰陽之相感相應而生，此陰陽乃是「太極」本身動靜所化生。至於「**太極，本無極也**」，那太極本來就是無極，兩者本就是二而爲一的。此三句論述著宇宙論之「無極」、「太極」、「陰陽」、「五行」彼此的從屬與平等關係，吾人稱爲「宇宙本體論」。

何謂宇宙「本體」，蔡仁厚（2002）在《宋明理學‧

---

❾〔宋〕葉采集解：《欽定四庫全書：近思錄》，（〔宋〕朱熹‧呂祖謙輯編）（北京：中國書店，2015），頁24-26。

北宋篇》對「本體論」之定義：

　　所謂本體，超越地說，意指形上的本體，在這方面，無論說天道、天命、天德、天理、或者說乾元、太極，全都是意指天道本體，簡稱「道體」。

　　所謂「本體」，就是指「天道、天命、天德、天理、或者說乾元、太極」。就是將天道本體，簡稱「道體」[⑩]，亦即指那宇宙萬物的根源──「太極」，本書前所言，多謂「太極（道體）」。

　　陳德和《儒家思想的哲學詮釋》一書中，引熊十力的論點，對此「本體」的存在性兼活動性的特質，闡述之：

　　本體或實體，它是宇宙萬物的真實本性，也是宇宙萬物的存在保證和最高理想，熊先生對它曾約之以四義：一、本體是萬理之原，萬德之端，萬化之始；二、本體即無對即有對，即有對即無對；三、本體是無始無終；四、本體顯為無窮無盡的大用，應說是變易，然大用流行畢竟不會改易其本體固有生生、健動乃至種種德性，應說是不變易的。（熊十力《體用論》頁九）

　　根據熊先生的看法，本體不是耽空滯寂的死物，它具有永恆周匝的絕對普遍性，是動而愈出，神妙不測的精靈，且全體即在於其大用，大用亦不離乎其體，故又可名之曰「全體大用」，簡稱為「功用」，此功用者，生生不

[⑩] 蔡仁厚：《宋明理學・北宋篇》，（臺北：臺灣學生書局，2002），頁3。

[⑪] 陳德和：《儒家思想的哲學詮釋》，（臺北：洪葉文化，2002），頁238。

息，變動不居之謂也⓫。

熊十力先生，所謂本體之涵義：

1.**本體是萬理之原，萬德之端，萬化之始**；指太極（無極）這宇宙的本體或實體，它不只是宇宙萬物的真實本性，也同時具備萬化生生不息的活動性。

2.**本體即無對即有對，即有對即無對**；即太極（無極）乃「**永恆周匝的絕對普遍性**」。

3.**本體是無始無終**；論說太極（無極）此本體乃無始無終，永恆的存在性。

4.**本體顯為無窮無盡的大用，應說是變易，然大用流行畢竟不會改易其本體固有生生、健動乃至種種德性，應說是不變易的。**即「太極（道體）」之「動陽、靜陰」與五行，其交感相應而互動消長，所顯乃無窮無盡的大用，就其大用言，乃為變易；就其德性言，乃為不變易的。

根據熊十力先生所言，則陳德和認為「本體」**不是耽空滯寂的死物，它具有永恆周匝的絕對普遍性，是動而愈出，神妙不測的精靈，且全體即在於其大用，大用亦不離乎其體，故又可名之曰「全體大用」，簡稱為「功用」，此功用者，生生不息，變動不居之謂也。**此言太極（無極）此本體，乃「**永恆周匝的絕對普遍性**」；具備存在性兼活動性的特質，即「**全體即在於其大用，大用亦不離乎其體**」，名之曰「**全體大用**」，論說著宇宙太極（無極）此本體之大化流行「**生生不息，變動不居**」的功用。

所言道體「太極」本身，乃為「即存有即活動」，太極動靜作用「**一動一靜，互為其根**」的「基本原理」，陰陽五行交感相應創生萬物，生生不息的「大化流行」，合

此「基本原理」與「大化流行」，謂之周敦頤太極（道體）的「宇宙創生論」。

吾人再將「宇宙創生論」結合「宇宙本體論」，乃為描繪宇宙天道太極（誠體）生生不息之理的「全體大用」，簡稱「生生之理」。

何謂天道太極（誠體）？

對於這「太極」，既稱宇宙「本體」；周敦頤對於這宇宙「本體」，另結合《中庸》「誠」的實體名詞，賦予形上義，《通書・誠上・第一》「**誠之源也**」與「**誠斯立焉**」之萬物終始義：

誠者，聖人之本。「大哉乾元，萬物資始」，誠之源也。「乾道變化，各正性命」，誠斯立焉。純粹至善者也。

此章論說「誠體」乃具備「**萬理之原，萬德之端，萬化之始**」（引熊十力語）的特質，而且其活動性，使萬物各得性命之正。此「誠體」「**純粹至善**」，乃「**實理之本然**」，是這麼純而不雜、絕對「至善」本質。此處言「誠」之形上義，皆為宇宙本體論，所以本文自後稱此太極（道體），乃融匯統稱為天道「太極（誠體）」，太極（誠體）即是天道本體，這是我們所認知。又因此「本體」乃是「純粹至善」道德本質，故稱天道太極（誠體）為「道德價值本體」。

（二）「生生之德」的「宇宙論」

再論「**無極之真，二五之精，妙合而凝**」，陰陽之能量互動、五行之各一其性，此般精華交會相感，陰陽動靜、五行玄妙地結合凝聚，所謂「**妙合而凝**」者，乃在言說著，太極（誠體）創生萬物的大化流行之際，此「**無極之真**」的真純體性，亦遍存在於萬化個體之中，而成為萬物天賦之「德」性，萬物乃得此太極——理。亦即這天道太極（無極）「**妙合而凝**」成就萬物、使萬物成為有形有德之主體，此般「生生不息之德」，吾人稱為天道太極（誠體）大化流行「生生之德」的作用。

道體太極（無極）大化流行的創生過程，無極（太極）——「理」必存在於「陰陽之氣」當中，而成為主體之「**德、性**」，張載稱這天所賦的「德」性為「天地之性」，本文則引牟宗三語，而稱為主體之「真實本心、本性」。

《易·繫辭傳》（下）第一章「**天地之大德曰生**」[12]所言天地最大的「德性」，具備宇宙性的形上義。既是指涉太極（誠體）創生萬物而成就萬物，生生不息的「生生之理」，也言說著太極（誠體）落實於個體，轉化為天賦之「德性」，而完成主體性的「成就萬物」。所以吾人稱此太極（誠體）創生萬物的大化流行，使萬物成為有形有德「各正性命」之主體，此作用為「生生之德」作用。

---

[12] 〔宋〕朱熹：《周易本義》，（臺北：大安出版社，1999），頁252。

何謂人道主體？

「無極之真，二五之精，妙合而凝」，論「太極」本體大化流行之際，內涵於個體而轉化成天賦之「德」性，此「眞實本心、本性」是爲源於太極（誠體）之德性，使萬物成爲有形有德之主體，乃爲具備人道之「主體性」涵義。引牟宗三（2015）《中國哲學的特質》釋：

天命與天道既下降而爲人之本體，則人的「眞實的主體性」立即形成。當然這主體不是生物學或心理學上所謂的主體，即是說，它不是形而下的，不是「有身之患」的身，而是形而上的，體現價值的、眞實無妄的主體。❸

牟先生論：此「眞實的主體性」，乃是因爲太極（誠體）落實到每個生命體之中，而轉化成爲萬物天賦之「德」性，即爲主體之眞實（本心、本性），亦即此源於太極（誠體）之「天賦德性」，使得萬物之「心體、性體，乃爲具備道德性與宇宙性」，萬物遂得擁有此形而上的，體現「純粹至善」的道德價值，而爲人道義有形有德、眞實無妄的「主體」。本文稱之爲「道德實踐主體」。

何謂〈太極圖說〉之「宇宙論」？

太極（道體）「宇宙創生論」與「宇宙本體論」的「生生之理」活動，論太極（道體）乃是「生生不息之

---

❸ 牟宗三：《中國哲學的特質》，（臺北：學生書局，2015），頁25。

理」的「存有而創生」；與太極（道體）「生生之德」作用，論太極（道體）「生生不息之德」，乃為使萬物含德而成就自己為「存在之主體」，合此「生生之理」「生生之德」之「全體大用」活動內容，使萬物成為有形有德之「主體」，此般歷程，即唐君毅所言**「儒家之天道論」**[14]，吾人稱為周敦頤所建立新儒學的「宇宙論」（此引自西方的名詞，於本文視與「天道論」同義），對整個宋明理學界有著極大影響。

二、周敦頤《通書》之「宇宙論」

《通書》對天道「誠」體的詮釋，以〈誠上・第一〉為總綱，〈誠上・第一〉言**「大哉乾元，萬物資始，誠之源也」**、**「乾道變化，各正性命，誠斯立焉」**，乃「生生之理」與「生生之德」「萬物終始義」合構之宇宙論，而**「誠之源、誠斯立」**又與**「純粹至善者也」**合構，既是形容天道太極（誠體）本身，及其大化流行「萬物終始義」歷程；同時也是形容主體踐履「誠」德的修養工夫與表達了對聖人返復太極（誠體）超越義道德境界的讚美。

《通書・動靜・第十六》論天道太極（誠體）大化流行陰陽動靜，二氣五行交會相感化生萬物之「全體大用」，以及天道太極（誠體）四時運行、生生不息的「萬

---

[14] 唐君毅：《哲學概論(下)》，（臺北：臺灣學生書局，1989），頁59。

物終始」義。

《通書·理性命·第二十二》言「理」是就天道太極（誠體）之大化流行，言「性」與「命」，乃為以「誠」貫通「理、性、命」的學說體系。

（一）「萬物終始義」與「純粹至善者也」

《通書·誠上·第一》論「誠之源也」與「誠斯立焉」之「萬物終始義」：

誠者，聖人之本。「大哉乾元，萬物資始」，誠之源也。「乾道變化，各正性命」，誠斯立焉。純粹至善者也。……[15]

「大哉乾元，萬物資始，誠之源也」，「元」者，乃真實生命誕生之「真實存有」，「乾」則是形容此萬物創始、相續不斷，而「健行不息之事」，此剛健不息的天德稱「乾」，由此涵義而謂「乾、元」皆指源頭、始之端，「萬物資始」：稱萬物都因為「乾、元」的創生性，而得其始，所以「乾、元」之道德價值與目的，其一，具象化地創始真實存有的生命、其二，具象化天道大化流行相續不斷，而健行不息之事。「誠之源也」：在這萬物誕生的源頭、始端關鍵處，與此般健行不息之事，彰顯著「誠體」——「形上道德價值本體」之道德價值；也見證

---

[15] 〔清〕李光地·陳選：《周子通書·小學集注》，（臺北：臺灣中華書局，1992），頁1。

了「誠體」（道德價值本體）正是萬物的根源。太極「誠體」就是萬物之始，其上再無源頭。

我們說「**大哉乾元，萬物資始，誠之源也**」，這句話闡述著「誠體」乃是萬物創生的根源，可謂描繪天道「太極（誠體）」大化流行之作用爲宇宙「生生之理」。周敦頤在《通書》、〈太極圖說〉分別以形上義之「誠體」、「太極」稱此天道之「形上道德價值本體」，名雖異而涵義相通。因此本文以「天道太極（誠體）」稱此「形上道德價值本體」。

「**乾道變化，各正性命，誠斯立焉**」，「乾、元」乃「萬物資始」與「健行不息」的作用原理，此謂天道「太極（誠體）」大化流行，於「乾、元」之道變化作用而陽變陰合，萬物創生有「形」，更落實內含於萬物個體中轉化爲「誠性（誠德）」，萬物之器識狀態各異，皆擁有恰得其當的物性狀態，此般物物皆有自己的「完全之理」，乃謂「**各正性命**」。「**誠斯立焉**」謂使個體含此誠德（性）而得完成他自己，成就爲有形有德之「主體」，此般彰顯天道太極「誠體」之眞實存在；亦見證著太極（誠體）大化流行使萬物生生不息、循環不已之「全體大用」。總此而謂「生生不息之德」，稱「太極」誠體成就萬物之「生生之德」作用。

「**各正性命**」之「性」與「命」的涵義，「性」：言天道太極（誠體）所涵遍萬物之誠性（誠德），乃主體之眞實本心、本性。所謂「命」：言天道太極（誠體）含遍個體，而轉化之誠「德性」，賦予主體誠德眞實本心、本性。

此般「**大哉乾元，萬物資始，誠之源也**」。「生生之理」與「**乾道變化，各正性命，誠斯立焉**」。「生生之德」。總此「生生之理」、「生生之德」之運行歷程，吾人稱「萬物終始義」歷程，此「萬物終始義」歷程之名稱，源於《通書・動靜・第十六》言「**四時運行，萬物終始。混兮闢兮！其無窮兮！**」[16]，言說四時也因天道太極（誠體）大化流行而運行，萬物這般地繁衍至無窮，而有了「終始」義。此處所謂「**四時運行，萬物終始**」，是以四季循環無窮的歷程，象徵著天道太極（誠體）大化流行，萬事萬物生生不息、循環無窮的「萬物終始義」。

此「萬物終始義」內涵，則見於《中庸・第二十五章》：「**誠者，物之終始，不誠無物**」[17]牟宗三《心體與性體》（第一冊）論之：

《中庸》言：「誠者物之終始，不誠無物」。一切事物皆由誠成始而成終。由誠成始而成終，即是誠體貫澈於其中而成全之。在此成始成終之過程中，物得以成其為物，成其為一具體而真實之存在。[18]

「**由誠成始而成終，即是誠體貫澈於其中而成全之**」天道太極（誠體）大化流行創生萬物，而遍存於個體轉化

---

[16] 〔清〕李光地・陳選：《周子通書・小學集注》，（臺北：臺灣中華書局，1992），頁4。

[17] 〔宋〕朱熹：《四書章句集註》，（臺北：鵝湖月刊社，2014），頁34。

[18] 牟宗三：《心體與性體——第一冊》，（臺北：正中書局，2009），頁325。

成「誠性（德）」，則萬物創生不只是「形」之創生，更是成為含德的主體；此般指涉著萬物始於創生含有此「誠」理，也終得使「誠」道德價值本體之道德價值與道德意義顯立起來，乃為一切事物皆由「誠」之成始而成終，此謂「萬物終始義」。

「**純粹至善者也**」指純正精萃、至為良善，言說著太極（誠體）本身乃「純粹至善者也」的形上「道德價值本體」。更是論述太極（誠體）落實於主體，而轉化之「誠性（誠德）」以「各正性命」，此般天道太極（誠體）「生生之理」、「生生之德」、「萬物終始過程」之活動與「全體大用」，乃為「**純粹至善者也**」的道德性價值目的與意義。

亦即所謂「**純粹至善者也**」之義涵：其一，天道太極（誠體）本身；此般形上之「道德價值本體」。其二，天道太極（誠體）「生生之理」、「生生之德」、「萬物終始過程」之活動與作用。其三，天道太極（誠體）使萬物完成了它自己，成為「主體」之天賦「誠德（誠性）」。其四，指涉主體以此「誠德（誠性）」為修養根據的道德踐履，呈現真實本心、本性的人格，彰顯著太極（誠體）的挺立，邁向返復太極（誠體）「純粹至善者也」的聖人超越義道德境界。

何謂《通書》之「宇宙論」？

以上所論天道太極（誠體）乃「純粹至善者也」之「道德價值本體」，其大化流行創生萬物，「天道下貫人道」遍存於萬物個體，轉化成為主體之「誠性（德）」，

終使得「誠」道德價值本體之道德價值與道德意義顯立起來。此般「生生之理」「生生之德」之「全體大用」活動，總謂「萬物終始義」「**純粹至善者也**」之過程，乃周敦頤《通書》之「宇宙論」

（二）天道誠體之「動、靜」與「萬物終始義」

《通書‧動靜‧第十六》亦論述此天道太極（誠體）大化流行「生生之理」「生生之德」之「全體大用」，「萬物終始義」宇宙論。

《通書‧動靜‧第十六》：

動而無靜，靜而無動，物也。動而無動，靜而無靜，神也。動而無動，靜而無靜，非不動不靜也。物則不通，神妙萬物。水陰根陽，火陽根陰。五行陰陽，陰陽太極。四時運行，萬物終始。混兮闢兮！其無窮兮！**⑲**

本章可分為：「**動而無靜，……神妙萬物。**」及「**水陰根陽，火陽根陰。五行陰陽，陰陽太極。四時運行，萬物終始。混兮闢兮！其無窮兮！**」兩大部份。

《通書‧動靜‧第十六》

動而無靜，靜而無動，物也。動而無動，靜而無靜，神也。動而無動，靜而無靜，非不動不靜也。物則不通，神妙萬物。」

「**動而無靜，靜而無動，物也**」，一般經驗世界的動

---

⑲〔清〕李光地‧陳選：《周子通書‧小學集注》，（臺北：臺灣中華書局，1992），頁4。

靜之相，事物之運動義和靜止義，是互相排斥的，既言其動就不會有靜之義；既言其靜就不會有動之義。亦即一般事物言動，則只有絕對的動；與言靜，則只有絕對的靜。

「**動而無動，靜而無靜，神也**」，這兩種解釋，就表象而言，乃是動而不顯動相、靜而不顯靜相，以經驗世界看起來好像是「不動、不靜」，就內容而言，太極（誠體）之運動義和靜止義是不互相排斥的，天道太極（誠體）大化流行之「動」與「靜」，乃是是動中有靜、靜中有動，互相轉化，互相包含、互相滲透的，周敦頤以這般不可思議襯托天道太極（誠體）之形上義，所以稱「**神**」。

「**動而無動，靜而無靜，非不動不靜也**」。這太極（誠體）之動靜義，就表象而言，沒有一般經驗世界的動靜之相。就內容而言，「動」與「靜」乃是互涵而相通著，動中有靜在滋生成長著；而靜中有動，即內在存有動源。「**動而無動，靜而無靜**」，乃是無形跡、無方所的形上義；即如上述之「**動而無動，靜而無靜，神也**」，並不是一般的經驗世界的「**非不動不靜也**」（那太極（誠體）並不是不動不靜啊）。

「**物則不通**」，乃是呼應前面的「**動而無靜，靜而無動，物也**」即一般經驗世界的「動靜」，乃為絕對義，運動義和靜止義是不互相排斥的，靜不通於動，動不通於靜。

「**神妙萬物**」，乃是呼應前面的「**動而無動，靜而無靜，神也**」即天道太極（誠體）大化流行之「動」與「靜」，就表象而言，「動」，卻看起來好像是「不

動」；雖「靜」，卻看起來好像是「不靜」，在一般經驗世界看起來好像是「無動無靜」，就內容而言，天道太極（誠體）是如此地創生萬物、成就萬物，展現「生生之理」與「生生之德」超經驗之「全體大用」，「動、靜」相涵而感通地作用於萬物，乃「動中有靜；靜中有動」之發用，謂爲**「神妙萬物」**之神妙而不可測。

《通書・動靜・第十六》

……水陰根陽，火陽根陰。五行陰陽，陰陽太極。四時運行，萬物終始。混兮闢兮！其無窮兮！

「水陰根陽，火陽根陰」乃陰陽彼此互爲其根的「宇宙基本原理」，**「五行陰陽，陰陽太極」**此言「宇宙本體論」，**「四時運行，萬物終始」**以四時之循環往復，生生不息，比擬天道太極（誠體）大化流行「生生之理」「生生之德」之「全體大用」，乃爲眞實無妄的生生不息、循環無窮的終始歷程，代表著天地間一切存在，皆具備「成始成終」的意義。

「混兮闢兮！其無窮兮！」「混」是「合」，「闢」是「開」，此詮釋宇宙間之「動靜陰陽」，乃是從「渾淪」的一切爲起點，從此「混合」之本體自身內部，進化而「開闢」，遂有動、靜兩股力量，名之爲「陰、陽」，這「陰、陽」交感變化之陽變陰合而創生五行原素，太極（誠體）以「陰、陽」與五行原素，創生萬物、成就萬物。言**「其無窮兮！」**闡述萬物由始而終，終而復始，不斷循環運行，其生生不息之開展而繁衍至無窮。

（三）天道誠體之名「理」

《通書・理性命・第二十二》之章名，提出「理性命」之名，是故本章內容所論，即可視為「理」「性」「命」之意涵。

「**厥彰厥微，匪靈弗瑩。**」言說天道太極（誠體）乃為窮極萬物深妙之「理」，其大化流行創生萬物之「萬物終始義」，乃為彰顯了此「道德價值本體」之「理」，「理」者，「太極（誠體）」。此句吾人詮釋為「天人之際」──「道德原理」義──「道德價值本體形上義」。

「**剛善剛惡，柔亦如之，中焉止矣。**」言主體秉天賦「誠德（誠性）」乃道德踐履之源，承天道之「性」「命」道德踐履，持續修養人性中剛柔之性，此般「盡性」「擴充」誠德，經歷「成己成物」「內聖外王」之歷程，吾人謂之「天人之際」──「道德實踐」義，以「主體道德實踐超越義」稱之。而修煉至中道為宜之「致中和」的聖人境界，此乃「人道上達天道」返復太極（誠體）」之超越義道德境界，吾人謂之「天人之際」──「道德意識」義，以「聖人超越義道德境界」稱之。

「**二氣五行，化生萬物。五殊二實，二本則一。是萬為一，一實萬分。萬一各正，小大有定。**」

「**二氣五行，化生萬物。五殊二實，二本則一**」：

論太極（誠體）大化流行「生生之理」的「宇宙創生論」「宇宙本體論」。

「**是萬為一，一實萬分。萬一各正，小大有定**」：

「**是萬為一**」論太極（誠體）遍函於個體而轉化為誠性（誠德），合萬物言，為一太極也。

「**一實萬分**」這一理之太極（誠體），分別函於萬物個體中，即萬物各有一太極。

　　「**萬一各正**」這萬萬個體各得一太極（誠體），而轉化為誠性（誠德）以「各正性命」成就它自己，稱主體「各正性命」完成他自己。

　　「**小大有定**」萬物之小者因得一太極（誠體）而成其為小；大者因得一太極（誠體）而成其為大，以上此般論太極（誠體）大化流行「生生之理」「生生之德」「萬物終始義」之宇宙論，吾人謂之「天人之際」──「道德原理」義──「道德價值本體形上義」宇宙論。

　　「理、性、命」三者之名，始表達於周敦頤《通書・理性命・第二十二》之章名。後遂稱此，結合著天道「道德價值本體」為特色之新儒學學說，為「理學」。

第二節　「宇宙論」與朱熹「理氣不離論」

　　蔡仁厚（2002）在《宋明理學・北宋篇》：

　　《中庸》說：「誠者，天之道也」所以誠也是本體，可名曰誠體，誠體即是道體。這個「體」，既是形上的實有，而又能發出創造生化的作用。[20]

　　此言太極（誠體）本身之既存有即具創生性、活動

---

❷ 蔡仁厚：《宋明理學・北宋篇》，（臺北：臺灣學生書局，2002），頁3。

性，顯大化流行而得「妙運」萬物。周敦頤的「宇宙論」，吾人稱天道太極（誠體）乃「即存有即活動」之「道德價值本體，」前述陳德和《儒家思想的哲學詮釋》一書中，引熊十力的論點，對此「本體」的存在性兼活動性的特質之闡述「**全體即在於其大用，大用亦不離乎其體**」，名之曰「**全體大用**」，論說著宇宙太極（無極）此本體之大化流行「**生生不息，變動不居**」的功用。

一·天道太極（誠體）「即存有即活動」

　　周敦頤說「**太極動而生陽，動極而靜，靜而生陰。靜極復動**」，闡揚「陰陽動靜」作用，具備「循環無端，互為終始」的運動基本原理。唐君毅（1989）在《哲學概論（下）》說：

> 在此生生不息之歷程中，由陰之必繼以陽，則見陽之不屈於陰，而恆能自陰再出，以成相續不斷之陽。此之謂陽性至健之乾德。而陰之恆承陽而起，固為使顯者隱，使生出之物返於所自生之本而歸藏；然此亦即為物之生而又生之所本，所以順成繼起之生者。此之謂陰性至順之坤德。[21]

　　以這般論述，乾德、坤德分別代表陰陽彼此互為其根的屬性，使得陰陽動靜的作用，具備「循環無端，互為終

---

[21] 唐君毅：《哲學概論（下）》，（臺北：臺灣學生書局，1989），頁62-63。

始」的運動原理，吾人以此來認識宇宙萬事萬物的運動，有著「靜寂」與「活動」的啟示。

王邦雄・楊祖漢・岑溢成・高柏園等人所著的《中國哲學史（下）》評論之：

> 牟宗三先生認為太極生陰生陽之生，是本體論式的「妙運」義，即是說太極妙運氣化之流行，使氣化之動靜陰陽，能生生不已。具體地說，是太極在其具體妙用中，……。動靜陰陽，是就太極妙用之瀕而言，全體是神，全體是瀕，圓融如一。[22]

所謂「**動靜陰陽，是就太極妙用之迹而言**」，即「**太極**」本身顯現出「**隨迹上該動而顯動相**」、「**該靜而顯靜相**」。所以「太極」的意義，既是指稱「天道」本體之存有，且具備「**動靜陰陽**」創生性、活動性之迹，「太極」與「動靜陰陽」乃為一整體，故言「**全體是神，全體是迹，圓融如一**」。

所以蔡仁厚《宋明理學・北宋篇》說……雖圓融而又不失上下之分，……原來道不即是陰陽，而亦不離乎陰陽，只有在一陰一陽之變化中，乃能當下體悟於穆不已之道體，並無一個與陰陽相截離，而「只是理」的道。[23]

只有在一陰一陽之變化中，乃能當下體悟於穆不已之道體，並無一個與陰陽相截離，而「只是理」的道，此言

---

[22] 王邦雄・楊祖漢・岑溢成・高柏園：《中國哲學史（下）》，（臺北：里仁書局，2005），頁461。

[23] 蔡仁厚：《宋明理學・北宋篇》，（臺北：臺灣學生書局，2002），頁247-248。

縱然我們了解「道與陰陽」，乃不同意義之二實體名詞，但道體太極與陰陽是相即不離，道體藉陽變陰合以顯之，而道體太極本身亦在其中矣，故言「**只有在一陰一陽之變化中，乃能當下體悟於穆不已之道體**」。

蔡仁厚《宋明理學・北宋篇》引牟宗三在《心體與性體》之言：

依牟宗三先生之疏通，「太極（理）與陰陽」這不是截得上下最分明，而是「圓融地截得上下最分明」。既截分而又圓融，既圓融而又截分，形上即在形下之中，形下即在形上之中，[24]

周敦頤「宇宙論」，論「天道太極（誠體）」之實有存在，且具備「**動靜陰陽**」創生性、活動性之瀰，此道體太極與陰陽，乃是**既截分而又圓融，既圓融而又截分**，可以說這道體太極，是實有之本體，也同時可以「一動一靜」地擁有陰陽的能量。又此「生生之德」的作用，天道太極（誠體）所轉化為萬萬主體之誠德（誠性），萬物個體皆得體證著太極（誠體）那完整的實理，此般「**形上即在形下之中，形下即在形上之中**」。總和上述，吾人理解到「天道太極（誠體）」，乃是「即存有即活動」的真實存在。

蔡仁厚《宋明理學・北宋篇》對於「即存有即活動」給予評論：

---

[24] 蔡仁厚：《宋明理學・北宋篇》，（臺北：臺灣學生書局，2002），頁247-248。

濂溪在宋明理學六百年之發展中，實居開山之地位，……客觀地自本體宇宙論一面言道體，卻是將此道體體會爲「即存有即活動」者，濂溪真能繼承此先秦儒家之舊義而豁醒之，蘇活之，以重開儒家形上之智慧，元儒吳草廬，說濂溪「默契道妙」，即是據此而言。[25]

此言周敦頤所體會之天道太極（誠體），乃爲實有且又能創生萬物之本體，顯大化流行生生不息之理的神妙發用，吾人稱「即存有即活動」之道體，此宋明理學**客觀地自本體宇宙論一面言道體**，乃爲繼承先秦儒學的形上智慧。

二、「理」的超越性與「氣」之形而下

朱熹繼承周敦頤二氣五行之觀念，言宇宙萬物由「五行」構成，並闡述**此以「氣」之凝聚**藉言陰陽五行之創生萬物。朱熹論「**氣，形而下者**」之議題時，謂「**氣則爲金木水火**」此朱熹承濂溪二氣五行之觀念，言宇宙萬物由「五行」構成，而論「……**陽變陰合，而生水火木金土。陰陽，氣也，生此五行之質。……五行陰陽七者混合，便是生物的材料。**」（《朱子語類》，卷九十四周子之書）[26]朱熹言說陰陽五行皆是氣，是形而下的。

朱熹談「理、氣」彼此間的關係，則繼承程頤（伊

---

❷⑤ 蔡仁厚：《宋明理學‧北宋篇》，（臺北：臺灣學生書局，2002），頁68。

川），以「理」作爲哲學的最高地位，氣化生萬物，是形而下之世界。程頤（伊川）以陰陽二氣解釋這形而下之世界，而形上之「理」乃自然萬物生生不息的規則，其活動則由氣來執行。此伊川論「理」（「道」），是靜態本體論的超越性存有，突顯了「理」的超越性和尊嚴性。

朱熹也強調「太極」（理）之超然性，故不言此「理」（天道）之活動性，而言「陰陽」才具創生性、活動性，故有形上之「理」與形下「陰陽」之分。

「理未嘗離乎氣。然理形而上者，氣形而下者。」（《朱子語類》，卷一理氣上）[27]

所謂「理，形而上者」，指超時空決定之形式及規律，「氣，形而下者」，則指經驗世界之事物，故爲「形而下」者。

又言：曰：有是理便有是氣，但理是本，而今且從理上說氣。如云「太極動而生陽，動極而靜，靜而生陰」。（《朱子語類》，卷一理氣上）[28]有是理便有是氣，但理是本，此處之「理」，乃形而上之「理」就是「太極（道體）」

在朱子理論中「**總天地萬物之理，便是太極。太極本**

[26] 徐時儀 楊艷彙校：《朱子語類彙校》，（〔宋〕黃士毅編）（上海：上海古籍出版社，2016），頁2369。

[27] 徐時儀 楊艷彙校：《朱子語類彙校》，（〔宋〕黃士毅編）（上海：上海古籍出版社，2016），頁3。

[28] 徐時儀 楊艷彙校：《朱子語類彙校》，（〔宋〕黃士毅編）（上海：上海古籍出版社，2016），頁1-2。

無此名，只是個表德。」（《朱子語類》，卷九十四周子之書）㉙稱「太極」者「總天地萬物之理」。故「太極」視爲宇宙創化之本源。

朱熹論此「總天地萬物之理」「太極」的特性，而說「太極只是理，理不可以動靜言，唯動而生陽，靜而生陰，理寓於氣，不能無動靜所乘之機，乘如乘載之乘，其動靜者，乃乘載在氣上。」（《朱子語類》，卷九十四周子之書）㉚此言「理」本身**不可以動靜言**，這意思是說「理」不等於「陰陽動靜」。

又說「理卻無情意，無計度，無造作；只是氣凝聚處，理便在其中。……若理則只是個淨潔空闊底世界，無形跡，他卻不會造作。」（《朱子語類》，卷一理氣上）㉛此「理」乃無情意、無計度、無造作、無形跡之超越性，但「**只是氣凝聚處，理便在其中**」。

對於程頤（伊川）與朱熹所論，這「理」**是形而上**，不可以動靜言，而「**氣，形而下者**」，二者乃截分之涵義。蔡仁厚之《宋明理學‧北宋篇》給予評論：

朱子如此體悟道體，性體——既不合先秦儒家由「維天之命，於穆不已」之最原始的智慧而來的天道天命觀。

㉙ 徐時儀 楊艷彙校：《朱子語類彙校》，（〔宋〕黃士毅編）（上海：上海古籍出版社，2016），頁2377-2378。

㉚ 徐時儀 楊艷彙校：《朱子語類彙校》，（〔宋〕黃士毅編）（上海：上海古籍出版社，2016），頁2378。

㉛ 徐時儀 楊艷彙校：《朱子語類彙校》，（〔宋〕黃士毅編）（上海：上海古籍出版社，2016），頁3-4。

亦不合濂溪由誠體寂感之神以說天道。」

在朱子理論中「理」即相當於太極，但「超越的、形上的、靜態的」，形上之「理」與形下「陰陽」乃截而分之。而周敦頤之太極乃是「即存有即活動」，故朱子理論「**不合濂溪由誠體寂感之神以說天道**」。王邦雄・楊祖漢・岑溢成・高柏園：《中國哲學史（下）》亦評：

如此則太極成爲不能活動的理，只有氣能活動，這不合於《通書》所說道體有其神用（如云「感而遂通」、「動而無動，靜而無靜」、「神妙萬物」）等語即具有活動性之義。」[32]

周敦頤所論「太極」動而生陽、靜而生陰，故「太極」乃「即存有即活動」之神用。**而朱熹學說則是，太極成為靜態的實有，是「超越的、形上的、靜態的」。**

三、共同義之「理」與殊別義之「理」

朱熹說不可以言動靜之「理」是**形而上**，言：「理未嘗離乎氣。然理形而上者，氣形而下者。」（《朱子語類》，卷一理氣上）[33]

「只是氣凝聚處，理便在其中」（《朱子語類》，卷

---

[32] 王邦雄・楊祖漢・岑溢成・高柏園：《中國哲學史》（下），（臺北：里仁書局，2005），頁460。

[33] 徐時儀 楊艷彙校：《朱子語類彙校》，（〔宋〕黃士毅編）（上海：上海古籍出版社，2016），頁3。

一理氣上）。㉞

「氣則能蘊釀凝聚生物也，但有此氣，則理便在其中。」（《朱子語類》，卷一理氣上）㉟

此雖言「理，形而上者」，「氣，形而下者」，但又說「理未嘗離乎氣」，亦即「氣」之凝聚蘊釀（陰陽動靜與五行交感）而創生萬物時，「理」便在其中。又說

「有理便有氣流行，發育萬物。」（《朱子語類》，卷一理氣上）㊱

「問：先生說太極有是性則有陰陽五行云云，此說性是如何？曰：想是某舊說，近思量又不然。此性字爲稟於天者言。若太極只當說理。」（《朱子語類》，卷九十四周子之書）㊲

此言理必在氣中運行，而「發育萬物者」，亦即「理」必存在於「陰陽之氣」當中，而成爲個體之「德、性」。此「性字爲稟於天者」，性指落實於人之德性，這相當於周敦頤言天道太極（誠體）之「生生之德」作用，創生萬物之「各正性命」之德性。

㉞ 徐時儀 楊艷彙校：《朱子語類彙校》，（〔宋〕黃士毅編）（上海：上海古籍出版社，2016)，頁3-4。

㉟ 徐時儀 楊艷彙校：《朱子語類彙校》，（〔宋〕黃士毅編）（上海：上海古籍出版社，2016），頁3-4。

㊱ 徐時儀 楊艷彙校：《朱子語類彙校》，（〔宋〕黃士毅編）（上海：上海古籍出版社，2016)，頁1-2。

㊲ 徐時儀 楊艷彙校：《朱子語類彙校》，（〔宋〕黃士毅編）（上海：上海古籍出版社，2016），頁2374。

就以上論「德性」與「太極」的關係，從**分析的角度**，「理」必存在於「陰陽之氣」當中，而成為個體之「德、**性**」。**從綜合的角度**，其根源則是相同的，都是這形而上的「理」。所以吾人遂詮釋出「理」有「共同義、殊別義」二種意義，共同義之「理」就是天道「太極（道體）」；而陰陽五行所形構萬物之「理」，乃為形而下殊別義之「理」。應該說天道（太極）運行時，「理」必存在於「陰陽之氣」當中，則天道（太極）落實於人之「德性」，**乃為殊別義之**「理」。

朱熹說：「如月在天，只一而已；及散在江湖，則隨處而見，不可謂月已分也。」（《朱子語類》，卷九十四周子之書）[38] 又說「不是割成片去，只如月映萬川相似。」（《朱子語類》，卷九十四周子之書）[39] 此言事事物物皆有此「太極」，此「太極」落實於人之德性，如散在江湖，則隨處而見之月，亦即一物一太極，由是推之萬物皆有其「本性」，此本性乃源於「太極」，也就是說此「共同義之理」為萬物所具有，但一散於萬殊，故視之為「殊別義之理」。

---

[38] 徐時儀 楊艷彙校：《朱子語類彙校》，（〔宋〕黃士毅編）（上海：上海古籍出版社，2016），頁2404。

[39] 徐時儀 楊艷彙校：《朱子語類彙校》，（〔宋〕黃士毅編）（上海：上海古籍出版社，2016），頁2404。

四、朱熹「殊別義」理之「理氣不離論」

由以上論述，就天道（太極）運行言，**物皆憑藉氣而生，理乃是藉由氣所形成物，以顯現之**。亦即此「共同義之理」一散於萬殊，而落實於萬物，便被視爲「殊別義之理」。

「太極只是理，理不可以動靜言，唯動而生陽，靜而生陰，理寓於氣，不能無動靜所乘之機，乘如乘載之乘，其動靜者，乃乘載在氣上。」（《朱子語類》，卷九十四周子之書）[40]

「……則必須說先有是理，又非別爲一物，即存乎是氣之中，無是氣則是理亦無掛搭處，……。」（《朱子語類》，卷一理氣上）[41]

就共同義「理」而言，「理」具超越性，故「**理不可以動靜言**」，但就「發用（運行）」階段，「理」和「氣」相結合，**此時氣本身乃依理而有生成變化**，亦即此「殊別義之理」必存在於「陰陽」或「氣」當中，如此才能構成萬事萬物。故言「**唯動而生陽，靜而生陰，理寓於氣**」，「**無是氣則是理亦無掛搭處**」，此皆從殊別義之理

---

[40] 徐時儀 楊艷彙校：《朱子語類彙校》，（〔宋〕黃士毅編）（上海：上海古籍出版社，2016），頁2378。

[41] 徐時儀 楊艷彙校：《朱子語類彙校》，（〔宋〕黃士毅編）（上海：上海古籍出版社，2016），頁3。

言，則太極存在於個體而爲德性，於是朱熹遂有「理氣不相離」之論。

勞思光對此有稍爲綜合性的說法，在《新編中國哲學史（三上）》中說：

朱熹殆謂，太極作爲一「理」，在其運行處可說「動靜」，故曾說：謂太極含動靜則可，以本體而言也；謂太極有動靜則可，以流行而言也。若謂太極便是動靜，則是形而上下者不分，……故可說「太極含動靜」，意即謂動靜乃理所本有；又可說「太極有動靜」，意即謂理可以流行或運行，但不能說太極便是動靜，因能說是動靜者乃是氣而非理，即所謂形上形下之分也。[42]

勞思光言

「**謂太極含動靜則可，以本體而言也**」；這只能說朱熹不否定「太極」擁有動靜的能量，但不能說「太極」等於「陰陽動靜」。

「**謂太極有動靜則可，以流行而言也**」：在「發用（運行）」階段，「理」和「氣」相結合，才是構成萬物的作用。亦即**萬物之生成變化，皆是理在氣中之顯現；氣依理而有生成變化，理乃是藉由氣所形成物，以顯現之**，此乃「理氣不相離」。

「**若謂太極便是動靜，則是形而上下者不分**」，他認

---

[42] 勞思光：《新編中國哲學史》（三上），（臺北：三民書局，2014），頁96-97。

為朱熹說之「理」，乃被假定為一超越性的固定不變的宇宙本源，則太極本身不能以是否動靜來言說它，那動靜者乃是氣而非理，如此才能明辨形上形下。

於是我們可以知道，周敦頤之一脈，乃是從總合的觀點，言此「動而無動，靜而無靜」、「神妙萬物」等萬物終始的歷程。而伊川與朱熹則是從分析的思惟，言「理形而上者」與「氣形而下者」，**「理」本身**不可以言動靜，具超越性和尊嚴性，再言從「發用（運行）」的層面，就「理」之殊別義而言，「理」必存在於「陰陽之氣」化生萬物中，亦即所言說著太極生陰陽、五行以至於萬物之歷程，皆理落在氣上發用之歷程。否則由太極至陰陽五行的過程即成為無法言說。

第三節　「宇宙論」與王陽明「心即理」

《孟子》提出「**天之所與我者**」（《孟子·告子·上》）；以及「**盡心、知性、知天**」、「**存心、養性、事天**」的論述，《孟子·離婁·上》「**是故誠者，天之道也**」[43]。《中庸》第一章：「**天命之之謂性**」。《中庸》第二十章「**誠者，天之道也**」[44]《中庸》第二十一章：

---

[43] 〔宋〕朱熹：《四書章句集註》，（臺北：鵝湖月刊社，2014），頁282。

[44] 〔宋〕朱熹：《四書章句集註》，（臺北：鵝湖月刊社，2014），頁31。

「**自誠明，謂之性。**」❹等。周敦頤受此般「天道論」與探討「心性、本性」思想啓示，而已知識性思維，建構一套天道太極（誠體）「道德價值本體形上義」的「道德原理」宇宙論。

　　陸象山、王陽明面對孟子等以上思想，則是直接訴諸宇宙根源──「天理」，以之論「本心（本性）」，而建構「心即理」學說，以論「本心」之「道德主體性」。此般直接訴諸宇宙根源──「天理」，以論人性，吾人以強調根源性思維之宇宙論稱之，

一、「心即理」道德性的「一體觀」

　　所謂「一體觀」意指個體直接與整個社會、整個宇宙相應，是一種交互作用、互相滲透成爲一個整體的思考模式。孟子說：「萬物皆備於我矣，反身而誠，樂莫大焉。」（《孟子・盡心・上》）❹又說：「君子所過者化，所存者神，上下與天地同流。」（《孟子・盡心・上》）❹。陸象山說「心之體甚大，若能盡我之心，便與天同。」（《象山全集》・卷三十五・語錄）❹又說「四

---

❹〔宋〕朱熹：《四書章句集註》，（臺北：鵝湖月刊社，2014），頁32。

❹謝冰瑩等：新譯四書讀本，（台北：三民書局，2000），頁603。

❹謝冰瑩等：新譯四書讀本，（台北：三民書局，2000），頁607

宇宙便是吾心，吾心即是宇宙」。（《象山全集》·卷二十二·雜說）❹

王陽明對於《大學》「明明德」的解釋：

大人之能以天地萬物爲一體也，非意之也，其心之仁本若是，……是乃根於天命之性，而自然靈昭不昧者也，是故謂之「明德」。……故夫爲大人之學者，亦惟去其私欲之蔽，以自明其明德，復其天地萬物一體之本然而已耳。非能於本體之外而有增益之也。（《大學問·釋「明明德」段》）❺

以上所言，「**天地萬物一體**」、「**其心之仁本若是**」、「**去其私欲之蔽**」，成爲陽明學「心即理」重要內涵，強調主體與天地萬物爲一體之感通融合無間。

「心即理」乃陽明學說思想的基點，其意涵在一出發即強調人心與天理合一，陽明說：

「所謂汝心，卻是那能視聽言動的。這箇便是性，便是天理。有這箇性，才能生這性之生理。便謂之仁。這性之生理，發在目便會視。發在耳便會聽。發在口便會言。發在四肢便會動。都只是那天理發生。以其主宰一身，故謂之心。這心之本體，原只是箇天理。原無非禮。這箇便

---

❹ 〔宋〕陸九淵：《陸象山全集》，〔明〕王陽明：《陽明傳習錄》，（臺北：世界書局有限公司 2016），頁288。

❹ 〔宋〕陸九淵：《陸象山全集》，〔明〕王陽明：《陽明傳習錄》，（臺北：世界書局有限公司 2016），頁173。

❺ 黎明文化公司編譯部：《王陽明傳習錄及大學問》，（臺北：黎明文化事業股份有限公司 1997），頁187。

是汝之眞己。這箇眞己，是軀殼的主宰。」（《傳習錄‧卷上一二五‧薛侃錄》）㊿

「**所謂汝心，卻是那能視聽言動的。這箇便是性，便是天理。**」此陽明主張，內心之心性，便是天理。「**以其主宰一身，故謂之心。這心之本體，原只是箇天理**」即此心是道德的主體，認爲此先驗的、形而上的「天理」，全在道德主體「本心」，故結語言「**心之本體，原只是箇天理……，是軀殼的主宰。**」此言「本心」是道德的主體，意涵**原只是箇天理**。

吾人遂謂此「心即理」之「心」是「**本心、道心**」，不是經驗現象的「心」，是無私無欲、形而上的的超越本心，是先驗的道德主體，是天賦固有的眞實本心（本性）。與孟子說「心、本心、良心、良知、」相通。

而「理」則是指道德性的「天理」，陽明提倡從自己內心中去尋找「理」，尋找這天地萬物之總原理，可知陽明的「理」絕不是經驗層之理，是先驗的、形而上的「天理」，我們說是「有德性意義的理」。亦即在「德性意義」下，「本心」即是「天理」，「本心」「天理」雖爲二名，但互相感通、互相滲透而爲一個整體。

《傳習錄》記：

「虛靈不昧，眾理具而萬事出，心外無理，心外無事」。（《傳習錄‧卷上三五‧陸澄錄》）㊼

㊿ 黎明文化公司編譯部：《王陽明傳習錄及大學問》，（臺北：黎明文化事業股份有限公司 1997），頁58。

因爲「本心」即是「天理」，眾理具而萬事出也，故「**心外無理，心外無事**」，應該說「天理」即是我們的「本心」。從這個意義，王陽明的「本心」乃爲天賦固有，具有「天命之性」與「天理」等道德價值的義涵，是故陽明的「本心」即是道德的主體，「本心」就是化生宇宙天地萬事萬物之總原理；更是一切道德的根源，是善與惡產生的源頭，「心即理」告訴我們：這「有德性意義的理」，全在此道德主體的「本心」，「本心」「天理」乃爲無法截分，故稱「心即理」道德性的「一體觀」。

　　「心即理」的字面上來看，「本心」與「有德性意義的理」，不只言說著人與萬物本然一體的狀態，更直接訴諸「本心」與先驗的、形而上的「天理」的不可分性，乃爲「本心」與「天理」統一的整體概念。

　　「心即理」的涵義上來講，心之根源是天理，此「天理」早已內存在己身；是我們的「本心、本性」，我們能夠意識到自己的本質原本就是與天地一般高明、博厚，此般自我覺醒，成就著主體高尚的精神人格。

　　「心即理」的倡導性來說，提出「心即理」，希望大家的「心」如「天理」那樣地道德行爲，此「天理」的展現全在此「本心」的發用，或者說道德實踐的主體即是那宇宙創生的本體，此般「心體即天理」。

　　陽明的「心即理」，主體與天理乃是「**天地萬物一**

---

❷ 黎明文化公司編譯部：《王陽明傳習錄及大學問》，（臺北：黎明文化事業股份有限公司 1997），頁22。

體」整體脈絡的覺知，而「**其心之仁本若是**」的根本信念，乃爲達致整個宇宙人生都是「同一體之仁」的「一體觀」。此般信念，來自陽明對天地萬物感同身受：

夫人者，天地之心，天地萬物本吾一體者也。生民之困苦涂毒，孰非疾痛之切於吾身者乎？（《傳習錄·卷中·答聶文蔚》）[53]

蓋其天地萬物一體之仁，疾痛迫切，雖欲已之而自有所不容已，故其言曰：「吾非斯人之徒與而誰與？」「欲潔其身而亂大倫」「果哉，末之難矣！」嗚呼！此非誠以天地萬物爲一體者，孰能以知夫子之心乎？」（《傳習錄·卷中·答聶文蔚》）[54]。

「**天地之心，天地萬物本吾一體者**」，正是指涉「本心」即是「有德性意義的理」，乃爲一體的狀態。「**蓋其天地萬物一體之仁，疾痛迫切，雖欲已之而自有所不容已**」此言所謂「**天地萬物一體之仁**」，在於關切天下人心的生活福祉，而欲改善之，與天下人心同感其感者，發展爲以天地萬物爲一體之仁心。

具體地說，「心即理」啓發每一個個體彼此間共存共榮的覺知，不只確立個人道德的主體性，秉持與生俱來的天理道德心，人人所同具的善苗，體悟此「天理」與「本心、本性」同爲一氣，將主體性擴充到天地萬物，在天地

---

[53] 黎明文化公司編譯部：《王陽明傳習錄及大學問》，（臺北：黎明文化事業股份有限公司 1997），頁104。

[54] 黎明文化公司編譯部：《王陽明傳習錄及大學問》，（臺北：黎明文化事業股份有限公司 1997），頁106。

間堂堂正正地做個人，達至「天地萬物一體之仁」「上下
與天地同流」的精神人格境界。

二、「道德本心」與「道德意志」

儒學謂天理，為一切存在之根據，王陽明繼成陸象山
之「心即理」，言說著此天心或稱天理，乃為一切道德價
值標準之根源，故得「先立乎其大者」，展現「道德意
志」的實踐，才能有此**本心、道心**」之主體性的充分實
現。

陸象山說「心即理」之主體自覺醒悟為「先立夫其大
者」，即在立「明義利之辨」之志，從明義利之辨的工夫
做起，才能有此道德本心的充分實現。而王陽明之「先立
乎其大者」，即在「去除私蔽」。

「心之本體即是天理，體認天理，只要自心地無私
意。」（《傳習錄·卷上九九·薛侃錄》）[55]

「**心之本體即是天理**」，在強調主體「道德意志」之
行事乃純依天理。「**體認天理，只要自心地無私意**」，言
人人皆當體認天理而擴充發揮此道德「**本心、道心**」，透
過「無私」的實踐，達至與天理合一的境界，此乃道德本
心的充分實現。

陽明謂：

---

[55] 黎明文化公司編譯部：《王陽明傳習錄及大學問》，（臺
北：黎明文化事業股份有限公司 1997），頁43。

必欲此心純乎天理，而無一毫人欲之私，此作聖之功也。必欲此心純乎天理，而無一毫人欲之私，非防於未萌之先而克於方萌之際不能也。」（《傳習錄・卷中・答陸原靜書》）[56]。

「**必欲此心純乎天理，而無一毫人欲之私，此作聖之功也**」，能夠展現「**本心、道心**」道德主體的主宰性，此般「**道德意志**」之行事，來面對萬事萬物，進行意義的建構。在「道德意志」確立「**去其私欲之蔽**」的踐德工夫，達聖人之超越義道德境界。

我們說，陽明「**去其私欲之蔽**」的工夫，一如象山所謂「先立乎其大者」之明義利之辨的工夫，故《傳習錄》記：

「……心即理也。此心無私慾之蔽，即是天理。不須外面添一分。以此純乎天理之心，發之事父便是孝。發之事君便是忠。發之交友治此民便是信與仁。只在此心去人慾存天理上用功便是。」（《傳習錄・卷上三・徐愛錄》）[57]

此言說著在「道德意志」下，強調以道德性價值為主宰性的行動力，將私慾的牽拌打落，確立「**以去人慾存天理**」為方向的踐德工夫，王陽明說「**只在此心去人慾存天理上用功便是**」。

---

[56] 黎明文化公司編譯部：《王陽明傳習錄及大學問》，（臺北：黎明文化事業股份有限公司 1997），頁 91。

[57] 黎明文化公司編譯部：《王陽明傳習錄及大學問》，（臺北：黎明文化事業股份有限公司 1997），頁5。

這是一條強調「道德意志」下，確立踐德的道德性行動力的道路，生命價值得以擴充，「天理」之價值原理得以呈顯。

陽明說

「只要去人欲，存天理，方是功夫。靜時念念去人欲，存天理。動時念念去人欲，存天理。不管寧靜不寧靜，若靠那寧靜，不惟漸有喜靜厭動之弊，中間許多病痛，只是潛伏在，終不能絕去，遇事依舊滋長，以循理爲生，何嘗不寧靜？以寧靜爲主，未必能循理。」（《傳習錄·卷上·陸澄錄》）

強調以「**只要去人欲，存天理，方是功夫**」規範著人心的價值活動，進行無私的意識活動、語言表達、行爲實踐修養自己的本性，呈現天道的作用，呈現「**眞實本心、本性**」。所以當有人問他「**人又甚麼教做心？**」：

對曰：「只是一箇靈明。」「可知充天塞地中間，只有這箇靈明。人只爲形體自間隔了。我的靈明，便是天、地、鬼、神的主宰。天沒有我的靈明，誰去仰他高？地沒有我的靈明，誰去俯他深？鬼、神沒有我的靈明，誰去辨他吉、凶、災、祥？天、地、鬼、神、萬物，離卻我的靈明，便沒有天、地、鬼、神、萬物了；我的靈明，離卻天、地、鬼、神、萬物，亦沒有我的靈明。如此，便是一氣流通的，如何與他間隔得？」又問：「天、地、鬼、神、萬物，千古見在，何沒了我的靈明，便俱無了？」曰：「今看死的人，他這些精靈游散了，他的天、地、萬物尚在何處？」（《傳習錄·卷下一三七·黃以方錄》）㊿。

「**只是一箇靈明。**」就是自我價值覺醒的道德「**本心、道心**」，這「**本心、道心**」乃爲一切存在的根據，創生流行的本源，是先驗的、形而上的道德主體，所以「**可知充天塞地中間，只有這箇靈明。人只為形體自間隔了。我的靈明，便是天、地、鬼、神的主宰。……**」這先驗的、形而上的道德主體也「**是天、地、鬼、神的主宰**」。

但這無私無欲之蔽的超越義道德「**本心、道心**」，必須是「在事上磨練」，與天、地、鬼、神、萬物相依證實，才得以將此眞實本心（本性）之心體（性體），實現出來，所以「**我的靈明，離卻天、地、鬼、神、萬物，亦沒有我的靈明。如此，便是一氣流通的，如何與他間隔得？**」此言已從「心即理」的「本體論」、從宇宙論形上學的道路，轉向道德價值的工夫論。牟宗三曾說，陽明心學，可以說是講究實踐工夫的心性學，是從個人自己之最內部心性中樹立起價值之主體，並言說著道德實踐之學，開啓了文化上作用最大的價值之源。

陽明心學，強調「**本心、道心**」的「道德主宰性」，以共同本體之心性作爲主體的指導，強調落實「**去人欲，存天理**」之「道德意志」，感受「天」與「人」之道性合而爲一，呈現與天地萬物不隔之「眞實本心、本性」，此般擁有「心即理」道德價值的呈顯。

---

(58) 黎明文化公司編譯部：《王陽明傳習錄及大學問》，（臺北：黎明文化事業股份有限公司 1997），頁171。

第四節 結論

孟子言說著「**天之所與我者**」，明言心性是源於天道，「心」成為貫通天人處，此充實了內聖成德之工夫內涵。且於《孟子·盡心上》：「盡其心者，知其性也；知其性，則知天矣。存其心，養其性，所以事天也。」[59]論人道實踐的道德規範，正是在彰顯天道之挺立。這使我們更明瞭人性就是來自於天道，天之所以為天的意義。

唐君毅（1989）在《哲學概論》（上）對此發展有所評：

……孟子之言性善；言盡心知性以知天，開啟儒家之道德的形上學。……由人之盡心知性以知天之工夫，以求上達，而歸於人之「萬物皆備於我矣」，「上下與天地同流」之境界之呈現。此境界則為內在之形上境界[60]」

孟子言通過「**盡心、知性**」之心性修養工夫，必可達到成賢入聖「**萬物皆備於我矣**」「**上下與天地同流**」超越義道德境界的思想，論述著主體道德踐履達致人道與天道相應，心性主體因而挺立的「心性之學」，唐君毅認為此乃建立了人道通往天道之「**內在之形上境界**」。

孟子之言性善；言盡心知性以知天，開啟儒家之道德

---

[59] 〔宋〕朱熹撰：《四書章句集註》，（台北：鵝湖月刊社，2014），頁349。

[60] 唐君毅：《哲學概論》（上），（台北：臺灣學生書局，1989），頁124。

的形上學：

　　孟子言通過心性修養工夫，達致「**知天**」的極致道德境界。後來的理學家論道德修養的內涵，即是以此「**內在之形上境界**」爲內涵，闡述「**心、性、天是一**」的論述，故唐君毅認爲此般的「**天人之際**」觀點，正是「**開啟儒家之道德的形上學**」。

　　此般所「**開啟儒家之道德的形上學**」，所論述之學說，自宋之周敦頤而開其緒端，而至陸九淵、陽明心學認爲「天理」就存在於人心之中，應該說天理即是我們的「本心」，此般直截了當。這兩種宇宙論之思維，可以從兩個層面認知：

其一，從知識性上論述「宇宙論」與「本心、本性」：

　　這般思維的學說，從《孟子》「此天之所與我者」（《孟子・告子・上》）[61]。；《孟子・離婁・上》「是故誠者，天之道也」[62]此「誠」就是天道，與《中庸》第一章：「**天命之之謂性**」，得到啓示，具體提供一個「太極」或「誠」之本體義，論述天道太極（誠體）大化流行，具體描繪著陰陽兩氣感應而生五行，陰陽五行交相感而創生萬事萬物之「生生之理」；以及太極（誠體）創生萬物之際，又內涵在個體轉化爲主體之誠德（誠性），乃

---

[61] 〔宋〕朱熹撰：《四書章句集註》，（台北：鵝湖月刊社，2014），頁335。

[62] 〔宋〕朱熹撰：《四書章句集註》，（台北：鵝湖月刊社，2014），頁282。

謂天道太極（誠體）的「生生之德」的作用，萬物終得「各正性命」，亦即此天賦誠德，成爲主體之眞實本心、本性，此般描摹著天道太極（誠體）大化流行「生生之理」與「生生之德」的「萬物終始義」之歷程，言說著萬物之德性乃天道（誠體）所命、人之「德性」乃源於天道太極（誠體），此般所論太極（誠體）之宇宙論（天道論），吾人詮釋爲新儒學之知識性宇宙論。本文舉周敦頤、朱熹爲代表論之。

其二，從根源性上論述「天理」與「本心、道心」：

這般思維的學說，從《孟子》「此天之所與我者」（《孟子・告子・上》）[63]。；且於《孟子・盡心・上》：「盡其心者，知其性也；知其性，則知天矣。存其心，養其性，所以事天也。」[64]《孟子・離婁・上》，得到啓示，皆論此般形上義之道德價值本體落實在人身上，如此將心性論與天道做了結合的思考，言說著主體以「道德行爲探溯人之心性」「**而由心性以知天**」，訴諸宇宙根源——「天理」，以之論「本心（本性）」，所建構論「本心」之「道德主體性」。此般論「本心、道心」與宇宙萬物、天道相應之「心性學」，乃爲「心性學」與「天

---

[63] 〔宋〕朱熹撰：《四書章句集註》，（台北：鵝湖月刊社，2014），頁335。

[64] 〔宋〕朱熹撰：《四書章句集註》，（台北：鵝湖月刊社，2014），頁349。

道學」結合的「心性之形上義理」，或稱道德性宇宙論（天道論）等，吾人稱爲新儒學根源性「宇宙論」。本文舉陸九淵、王陽明爲代表論之。

一、周敦頤、朱熹之知識性「宇宙論」

從知識性上論述「宇宙論」與「本心、本性，此般知識性宇宙論之代表人物，周敦頤、張載、邵雍、二程、朱熹等，吾人概舉「周敦頤、朱熹」以論之。

1.周敦頤

孟子藉言「天之所與我者」（《孟子・告子・上》）；言說著「心、性」是源於天道。《中庸》第一章「天命之謂性」⑥⑤《中庸》第二十章：「誠者，天之道也。」⑥⑥《中庸》第二十一章：「自誠明，謂之性」合此三句，論天道太極（誠體）落實在各個生命，而成爲主體的（德性），故言「誠」性乃出於天賦，就是眞實本心、本性。而《易傳》以「一陰一陽之謂道」形容此天道太極（誠體）——「**純粹至善**之道德價値本體」。儒家大部分思想停留在「心性論」，而《中庸》、《易傳》卻將心的「天道論」涵義直接表述出來，宋儒自周敦頤後採之，而

---

⑥⑤ 〔宋〕朱熹撰：《四書章句集註》，（台北：鵝湖月刊社，2014），頁17。

⑥⑥ 〔宋〕朱熹撰：《四書章句集註》，（台北：鵝湖月刊社，2014），頁31。

闡述爲一套「天道性命相貫通」的思想，心的天道論被充分地發展出來。

　　周敦頤從此般思想獲得啓示，結合孔子的「道德性天命觀」，《孟子》、《中庸》、《易・繫辭傳》、漢儒的陰陽學說等，所論道德化之天人關係與陰陽五行等「天人之際」「天道下貫人道」的學說。在〈太極圖說〉與《通書》中具體闡述「即存有即活動」之天道太極（誠體）大化流行「生生之理」「生生之德」的「萬物終始義」宇宙論，提供著主體眞實本心、本性之源於天道太極（誠體）之「心性論」基礎，吾人稱「天人之際」——「道德價值本體形上義」之「道德原理」宇宙論。吾人稱此爲周敦頤之知識性宇宙論。

　　此處吾人詮釋「道德價值本體」之「形上義」，有幾點理由：

　　其一，天道太極（誠體）爲天地間「實有且存在」；是爲感通天下萬事萬物而範圍天下、妙運天下之「理」，乃爲「即存有即活動」「**純粹至善**」之超越性「道德價值本體」。

　　其二，天道太極（誠體）大化流行「生生之理」、「生生之德」之「萬物終始義」歷程，乃爲使天下萬物終始於太極（誠體）——道德價值本體，此般「**純粹至善**」之超越性。

　　其三，天道太極（誠體）是爲宇宙一切之本源，乃爲萬事萬物之「道德原理」義，此般道德性價值目的與意義的認知，自有其「形上義」「超越性」之崇高與尊嚴。

　　其四，天道太極（誠體）大化流行，遍涵於萬物，使

主體擁有誠德眞實本心、本性而「各正性命」，乃爲一物一太極有形有德之主體，此般「超越性」的道德價值意義。

周敦頤、張載、邵雍、二程與朱熹，及陸九淵等理學大家，發展出具備天人交感相通，融合人性修養論與天道宇宙觀之「天人之際」思想相關理論，將先秦儒家本有的形上智慧與儒家成聖成賢、內聖外王之路，做了深刻的體現，其「天道性命相貫通」思想的內容，言說著「一條由天道道德價值本體下貫的形上學途徑」，及「一條由人道道德實踐，恢復主體心性以體現天道的途徑」，此二條途徑一來一往的「生命學問」完整性，乃爲周敦頤思想體系之最大特色，形成當時新興儒學的重要學風，可以說是最有詮釋強度的義理主題。

2.朱熹

伊川論理、氣者，對「一陰一陽之謂道」的看法說陰陽是氣，不是道，使陰陽所以然的是「理」，才是道。陰陽與道是形下、形上之區分。區分後的道體，只是靜態本體論的存有，只是一個實理，不具備感通的內涵。

朱熹繼承伊川之「理氣論」，**所謂理是太極，是形而上的，指超時空決定之形式及規律，故為「形上」者**，以「太極」稱之，太極是萬物所以成為物之理，「理」是超越的原則，強調「理」不等於陰陽動靜，「太極」乃是萬物最初的根源，是永恆而不變動的。

所謂「氣」，則指時空中經驗世界具體存在之資料，故爲「形而下」者，陰陽是形而下之氣，氣本身又依理而

有生成變化。「氣」之凝聚蘊釀而創生萬物，一切存在，皆由氣生。

而朱熹又認為**理在氣中**，含在萬物以內，每一物中均具有此「總天地萬物之理」（「太極」），**氣本身依理而有生成變化，萬物之生成變化，皆表示著「理」是藉「氣」之活動而顯現**。於是從「理」乃落在氣上發用（運行）之歷程，以此談「理」和「氣」的相結合。亦即藉陰陽、五行的動靜變化的作用，來張顯「理」。

於是吾人詮釋朱熹乃有共同義之「理」；與殊別義之「理」，此共同義之「理」具超越性，既是動靜陰陽所以然之理，又不能用動靜來描寫它；但殊別義之「理」，即指**「理在氣中」**，動靜陰陽之**氣是依理而有生成變化**，太極的動靜陰陽五行以至於萬物創生之歷程，乃是「理」落在氣上發用（運行）之歷程。

於是就「理」之運行言，藉言陰陽五行之創生萬物，但**「理便在其中」**，即**氣本身又依理而有生成變化**，理必在氣中運行。此太極的動靜陰陽五行以至於萬物創生之歷程，殊別義之「理」必**在氣中**，故而朱熹建構了「理氣不相離」之論。

朱熹談氣創生萬物，理賦於氣中，故氣則必依理而有物，理存在於各個萬有之中，**如此，一切存在，即皆是理與氣合而決定**。朱熹與伊川強調理乃恆存性而不動地，具超越性，雖萬物萬象皆消滅，則理雖無處運行顯現，然理仍自存，不可說隨氣與物而消滅。以上觀念朱熹通過追求知識**窮究道理**，再擴充到道德價值的認識，再轉化為體悟「天理」的方法。我們稱其為知識性宇宙論。

二、象山、陽明之「自我道德價值的覺醒」

儒學發展，至陸九淵、王陽明，倡「心即理」，追溯認爲「心」是「**本心、道**心」，「本心」的意涵包含著最高的「天理」，「天理」就存在於人心之中，應該說天理即是我們的「本心」。「心即理」乃陸九淵與陽明學說的基礎理論，思想的基點，「心即理」之意涵，一出發即強調人心與天理合一，「本心、道心」即是生命眞正主宰之價值原理，也是與天地萬物共同同體的原理。陸九淵與陽明學說直接訴諸省察本心，而開出「本心」道德主體與天道論結合的「心性論」。吾人謂所論「心即理」之本體論，或稱道德性宇宙論（天道論）等，此般從根源性上論述「天理」與「本心、道心」，爲新儒學之根源性宇宙論。概舉「陸九淵、王陽明」以論之。

1.陸九淵（象山）

王陽明提出「心即理」，可謂繼承陸九淵，陸九淵，字子靜。自號象山，學者稱象山先生。（《宋史》卷四百三十四．〈儒林列傳〉）(67)象山學說，重在即心言理，認知萬理皆備於我之胸懷，而行自我道德價值覺醒之工夫。

---

(67) 引文參見 勞思光：《新編中國哲學史》（三上），((臺北：三民書局，2014），頁356。

象山學說，繼承《孟子》，而說：

「孟子曰：心之官則思；思則得之，不思則不得之。……天之所以與我者，即此心也。人皆有是心，心皆具是理。心即理也」[68]（〈與李宰〉《象山全集》·卷十一書）

象山承「**天之所以與我者，即此心也。**」肯定以「本心」乃道德之主體性，為生命境界提升打下基礎，此心既然是「天之所以與我者」的本心，那麼此「心」即為共同意義之理，故此「理」即天理，此「心」乃天心，故云「心即理」，吾人謂之「自我道德價值的覺醒」。

象山說：

「孟子云：盡其心者知其性，知其性則知天矣。心只是一個，某之心，吾有之心，上而千百載聖賢之心，下而千百載復有一聖賢，其心亦如此。心之體甚大，若能盡我之心，便與天同。」（《象山全集》·卷三十五·語錄）[69]

「**心之體甚大，若能盡我之心，便與天同。**」象山所言之「心」，乃一切人所同有者，共同意義之天理、天心也。乃非經驗心，是那超驗意義之道德價值自覺之心。透過「**盡我之心**」——自我道德價值的醒悟，此心能充分實現，則可見此理充塞於宇宙，而「**與天同**」。故言「心即理」者，乃直指根源性之「天理」。「心」，是超驗意義

---

[68] 〔宋〕陸九淵：《陸象山全集》，〔明〕王陽明：《陽明傳習錄》，（臺北：世界書局有限公司 2016）頁95。

[69] 〔宋〕陸九淵：《陸象山全集》，〔明〕王陽明：《陽明傳習錄》，（臺北：世界書局有限公司 2016）頁288。

之道德價值自覺之心，也就是說其強調「心即理」，乃是自我道德價值之覺醒。

　　生命道德價值的覺醒與生命道德意義的建立，心能自覺而充分求盡，乃為道德本心之真實呈現。此心要有所知，有所覺醒而能盡性。人要順此盡心知性與知天的努力，才能有此本心的充分實現，這是一份自我道德價值的醒悟。

　　杜維明：《儒家思想—以創造轉化為自我認同》論此「覺」：

　　人的獨特性就在於，他的心有一種固有的能力在其良心和意識中去「體天下之物」，通過這種體悟或體現，實現自己的「覺」（即感受性），彰顯真正的人性，並「參天地之化育」。[70]

　　「實現自己的「覺」（即感受性），彰顯真正的人性」，正是言說著自我道德價值的覺醒，盡心知性知天，由道德實踐與天道相應。而所言「心即理」，必需通過心的有意識覺醒，領悟著人必識具備了和天地相同的本質與潛能，才能「參天地之化育」。

　　象山曾說，若從形體上看，人是如此藐小，但透過道德實踐的證悟，即可言心即天道也。此言透過道德價值覺醒，來顯現宇宙之理。故象山說：「四宇宙便是吾心，吾心即是宇宙」（《象山全集》・卷二十二・雜說）[71]象山

---

[70] 杜維明：《儒家思想—以創造轉化為自我認同》，（（臺北：東大圖書公司，1997），頁150-151。

所言心即理，乃爲人道上達天道之思惟。象山不言宇宙論之知識架構，他的「心即理」者，直言人具備了和天地相同的本質與潛能，所以如果我們各人發展各人的本質與潛能，盡心盡性發展到了極致，便可成就《孟子》所言「上下與天地同流」之境界。

2.王陽明

陽明所說之「心」源於孟子，孟子的「心」是對道德主體的通稱，孟子的「心」是先驗的、形而上的意義，孟子的性善論，可以說是「心即理」說的主要理論基礎。此人心本體之「至善」本質，行事即是動機上「善」的意志的貫徹，故當刻刻專注於面對事務時的良知呈顯，時刻講求動機心念上的仁義禮知。擴充發揮「心即理的道德價值與意義，懂得整體感受「天」與「人」之道性合而爲一，成就美好的人生，甚而達致聖人超越義道德境界。

陽明繼承象山之學，有關「天理」存於人心之中；心之德性乃是來自於天理，故倡言此心乃天心，即宇宙（天理）；「人皆有是心，心皆具是理」等；皆爲論此「心」爲道德之主體，必是與「天理」合一的。

唐君毅（1989）《哲學概論》（上）論：

……至王陽明之言「良知爲造化的精靈」，則又重回到就道德的心靈之兼通天心天理以說，……晚明諸家之理

---

(71)〔宋〕陸九淵：《陸象山全集》，〔明〕王陽明：《陽明傳習錄》，（臺北：世界書局有限公司 2016）頁173。

學中更多直就道德心靈，以直通天心之者。……。(72)

「**就道德的心靈之兼通天心天理**」「**直就道德心靈，以直通天心之者**」王陽明之「本心」，是超驗意義之道德價值自覺之心，亦即「心即理」，乃爲自我道德價值覺醒的生命意義，強調主體意志純粹化在道德性價值一事，樹立「本心」之「道德主體性」。

陽明學「心即理」的論點，肯定了人之「本心、道心」的道德主體性，此人心是規範著天地萬物的運行道德原理，也規範著人心的道德價值活動。因此「心即理」是將天理於心性中提起以作爲日常行事的準則，進行著「**去人欲，存天理，方是功夫**」的意識活動、語言表達、行爲實踐，將私欲的牽拌打落，人人皆當以道德性意志貫徹的動態思維，使人的存在境界回復到以天理爲主導的眞正主體性，才是「本心」道德主體性的眞正呈顯。

所謂「道德性意志貫徹的動態思維」？陽明繼承陸象山的思維，其「心性論」「講求應事的價值判定，是立志一層之事」，一旦應事，即是心志在應事。於此而言，正視心念而探求立志應事；意念不正動機不良，即是違悖天理。此般，強調主體意志純粹化在道德性價值一事，乃爲直指根源性「天理」的思維，建立起在道德「本心、道心」與「天理」的一致性，這使得從「宇宙論」（天道論）到「心性論」也就變得簡易直截了。

---

(72) 唐君毅：《哲學概論》（上），（台北：臺灣學生書局，1989），頁128-129。

王學的興起，爲當時的政治社會注入一股清流，乃爲矯正明中期的政治社會風氣有很大作用。然而王學末流之侈言心性，溺于清談，不顧修習，顧炎武曾直指明末士子清談誤國。另晚明士子或以名節爲尙，矯情負氣，常偏溺於正邪是非的爭辯，引起黨爭。整個學術氛圍，瀰漫虛無主義與清談學風。自明而清，陽明學可謂「毀譽參半」，於是明清之際整個理學思潮走向衰微，而興起有別於宋學重義理的傳統思潮——考據學風，代之而起。

三、爲「本心」之「道德主體性」奠定「宇宙本體論」

唐君毅（1989）《哲學概論》（上）論：

宋明理學爲中國儒教之復興，……彼等之人生思想，在以人合天；而彼之天道論，則爲一實在論之哲學系統。其中周濂溪之言無極太極與陰陽動靜，[73]唐君毅定義了宋明理學儒家「天人之際」意涵之發展特徵，爲「**彼等之人生思想，在以人合天；而彼之天道論，則爲一實在論之哲學系統**」，此般新儒學之「哲學系統」，又以周敦頤所論「**無極太極與陰陽動靜**」，等「形上智慧」的宇宙論爲奠基。

北宋三家周敦頤、邵雍、張載屬理學初期理論者，爲

---

[73] 唐君毅：《哲學概論》（上），（台北：臺灣學生書局，1989），頁127-128。

儒學注入宇宙論之「天道」本體及其大化流行創生萬物之內容，而建立了形上學之學說，從宇宙論（天道論）談心性論，乃為理學奠定基礎之特色；二程與朱熹繼之以探討「理氣論」，闡述以「理」貫通天道性命之心性論與宇宙論為學說特色；陸、王則以直論「心性」即「天理」，乃得充分展現道德本心的自我道德價值覺醒為特色。大致而言，以此為分類。

但論其學說演變，及相傳派系，牟宗三在其《中國哲學十九講》中，提出嫡系之說：

> 宋明理學分為三系，伊川、朱子是一系，陸、王是一系。胡五峰、劉蕺山是一系。這最後一系就是繼承周濂溪、張橫渠、程明道。嚴格說來，北宋諸儒的嫡系應當是這一系，而不是伊川、朱子，也不是陸、王，陸、王是直接繼承孟子。伊川、朱子則繼承大學，以大學為中心。[74]

牟宗三認為北宋諸儒周敦頤、邵雍、張載等之繼承者，應為胡五峰、劉蕺山系者，故其將此系稱為理學之嫡系。又說「**陸、王是直接繼承孟子。伊川、朱子則繼承大學**」。

無論是周敦頤之太極生陰陽論，張載之從太虛與氣論，再到明道提出「天理」觀，可以說北宋之周、張、明道皆能客觀論說此「即存有即活動」的形上「道德價值本體」，其宇宙生化歷程的「宇宙論」。

---

[74] 牟宗三：《中國哲學十九講》，（臺北：臺灣學生書局，2015），頁414。

而伊川學說之形上學，肯定一「理」之實領域，卻分判地說寂感是「人分上事」，且「更不說感與未感」，朱子亦論道體不言動靜，以嚴形上之理與形下之氣。此般思維使得「性即理」之義理，轉向格物窮理；而讓知識與道德的路子混在一起，以致趨向「道問學」。故牟宗三認爲伊川、朱子乃理學之歧出，稱「別子爲宗」。

雖然理學諸子大分如上所論，但其間各有相關之承繼，各有所長，並非同一體系者則與它系截然分之，成中英：《合外內之道—儒家哲學論》對牟先生之分系有所評之：

早期理學……在明「道」之本在天道，然後從天道通向人道，……明道較重人道，對《論》、《孟》也更加關注。後之劉蕺山注重孟子的心學，遂爲心學開展宇宙之學的典型。至於象山、陽明，強調直接用《論》、《孟》體證人心本體固是事實；但陽明受朱子影響，比象山更重義理結構和人文精神也是事實。(75)

雖然早期的理學，重視從天道通向人道，但成中英認爲程明道則較重人道，對《論》、《孟》也是關注的。後劉蕺山也是注重《孟子》的心學，遂爲心學開展宇宙之學的典型。至於象山、陽明，直接用《論》、《孟》體證「本心」「道心」固是事實；但陽明受朱子影響，比象山更重義理結構和人文精神也是事實。故成中英以總合之角

---

(75) 成中英：《合外內之道—儒家哲學論》，（臺北：康德出版社，2005），頁248。

度來說宋明理學，認爲三系互相影響而各有所側重。

那麼陸、王與周敦頤；陸、王與朱熹，異同如何：

周敦頤、張載、程顥既言宇宙論之「貫通性命天道」，倡言人道與天道，一來一往互動之「天人之際」，象山繼承孟子，乃只闡述人道上達天道者之一路，則此二系只能說在「心性論」上或可相通。但王邦雄・楊祖漢・岑溢成・高柏園：《中國哲學史（下）》論：

此二系言道體，都是即存有即活動的，言工夫，都是以逆覺體證、即覺本心，或識仁爲工夫的關鍵，不同於朱子的持敬窮理之論。……又陸、王雖重心，但心是無限心，即是天道，可見宋明儒的心性論與天道論是相通不隔的。」(76)

象山提綱挈領，心、性、理相即而不分，本心雖是人的主體，同時亦是生天生地的天道，亦即人道之一切活動，皆爲道體之顯立，又強調「立其大者」之「知本」的自我道德覺醒。故從「**此二系言道體，都是即存有即活動的，言工夫，都是以逆覺體證、即覺本心，或識仁為工夫的關鍵**」的角度，此二系指陸、王與周敦頤，乃相通。

而陸、王與朱熹之異同，則陸、王「心即理」乃心性論之立場，其所言「心」與朱熹之「性」相通，即象山以「超驗義」及「普遍義」說心，故心與理乃相即，而朱熹之「性」即殊別義之「理」，源頭都是天道、天理。又朱

---

(76) 王邦雄・楊祖漢・岑溢成・高柏園：《中國哲學史》（下），（臺北：里仁書局，2005）頁452。

熹也說「人者，天地之心。沒這人時，天地便沒人管。」（《朱子語類》，卷四十五論語二十七）[77]此強調以人心即天地之心，且人是天地萬物的主宰，朱熹此言與陸、王思想，強調主體道德價值自覺之醒悟乃相通。

只是陸、王以「人心」生命道德價值的覺醒為出發點，直接了當地談「心即理」，陽明認為此先驗的、形而上的「天理」，全在此道德主體的人「本心」，此乃「心即理」之意旨。而朱熹之學乃以知識配合成就德行，以「即物窮理」為入路，與孟子的仁義內在說並不相應，可稱為「主智的倫理學」，則象山與朱熹一脈，就遠了。

當然，我們也不要就此認為陽明乃為不具備宇宙論（天道論）學說，象山及陽明學所謂「天理」存於人心之中的這個觀點，闡述多以「盡心盡性」之心性論，屬於「人道上達天道」的工夫，但他們卻沒有忽略「心」與「天理」的天道論。唐君毅《哲學概論（下）》說：聖人之心，為同一之心；聖人之心，即此天地生物之心之直接呈現。[78]即是此意。或許我們可以稱為具備道德意識的「天道論」，依然是擁有「天道論」特色的新儒學。

故無論是周敦頤、張載之形上學，或是程伊川與朱熹的本性論；或是陸、王的心性論，都是藉言天道，實即以自己的身心性為反省對象；我們說是為「本心」之「道德

---

[77] 徐時儀 楊艷彙校：《朱子語類彙校》，（〔宋〕黃士毅編）（上海：上海古籍出版社，2016），頁1233。

[78] 唐君毅：《哲學概論》（下），（臺北：臺灣學生書局，1989）頁373。

主體性」奠定「宇宙本體論」，雖論及「道心」之本在天道，但道德踐履的工夫，其目的皆在盡心盡性，使天道與人道相應之「心性天」乃為一。亦即理學把人性和天理連在一起，甚至以人性為天理；天成了哲理的天，即從探索天道之宇宙論、本體論，來襯托心性論，以討論人生之至理，乃至人格心性之理。

理學家所奠定之宇宙本體論，皆是為了闡述「本心」之「道德主體性」，亦即人之存有價值，就在於以宇宙本體論為基礎，論以天賦之誠德、誠性為依據，踐履道德的生命價值表現，其根柢就在重視從「宇宙論」（天道論）到「心性論」，使人格與天地並列而挺立之尊嚴性，此為其重要特色，乃為中國學術思想的發展開一新境界，使得中國文化邁入另一高峰。

陳安仁（1978）在《歷史專題研究論叢》一書中言「理學」所達成的學術成就：

現代學術思想的轉變，就是指宋明理學能有精微的發揮，而導進一個思想之革新運動：（一）人與天相關之至理，即宇宙論與人生論相關之至理。（二）看重人格之尊嚴性，而高揚人類之地位。（三）把儒家一尊之思想，解放起來，而為中國學術開一新境界。（四）決定人生價值，由於道德價值的表現。（五）把道之內容與本質，充實其意義，而建設人生完美的實際社會。[79]

此論理學之儒學革新運動，採用了新的方法，為中國

---

[79] 陳安仁：《歷史專題研究論叢》，（臺北：華世出版社，1978），頁515。

學術開一新境界，這包含了「**宇宙論與人生論相關之至理**」、「**看重人格之尊嚴性**」、「**人生價值，由於道德價值的表現**」、「**道之內容與本質，充實其意義**」等等「天人之際」思想的論述。

參考文獻

一、古籍（依朝代順序排列）

〔宋〕朱熹：《四書章句集註》，臺北：鵝湖月刊社，2014。

〔宋〕朱熹：《周易本義》，臺北：大安出版社，1999。

〔宋〕葉采集解：《欽定四庫全書：近思錄（一）（二）》
（〔宋〕朱熹・呂祖謙輯編），北京：中國書店，
2015。

〔宋〕陸九淵：《陸象山全集》，〔明〕王陽明：《陽明傳習
錄》，臺北：世界書局有限公司，2016。

〔宋〕周敦頤：《周濂溪集今註今譯》，董金裕注，臺北：臺
灣商務印書館股份有限公司，2011。

〔宋〕《二程全書》（含〔宋〕朱熹編《二程遺書》），徐必
達編，臺北：廣文書局有限公司，1979。

〔宋〕朱熹：《朱子語類彙校》（〔宋〕黃士毅編），徐時
儀，楊艷彙校，上海：上海古籍出版社，2016。

〔明〕王陽明：《王陽明傳習錄及大學問》（徐愛等編）。臺
北：黎明文化公司，1997。

〔清〕李光地・陳選：《周子通書・小學集注》，臺北：臺灣
中華書局，1992。

二、專書（依姓名筆劃排列）

王邦雄・楊祖漢・岑溢成・高柏園：《中國哲學史》（下），
　　臺北：里仁書局，2005。

成中英：《合外內之道—儒家哲學論》，臺北：康德出版社，
　　2005。

杜維明：《儒家思想—以創造轉化為自我認同》，臺北：東大
　　圖書公司，1997。

牟宗三：《心體與性體—第一冊》，臺北：正中書局，2009。

牟宗三：《中國哲學的特質》，臺北：臺灣學生書局，2015。

牟宗三：《中國哲學十九講》，臺北：臺灣學生書局，2015。

唐君毅：《哲學概論》（上、下），臺北：臺灣學生書局，
　　1989。

陳德和：《儒家思想的哲學詮釋》，臺北：洪葉文化，2002。

陳安仁：《歷史專題研究論叢》，臺北：華世出版社，1978。

勞思光：《新編中國哲學史（三上）》，臺北：三民書局，
　　2014。

蔡仁厚：《宋明理學・北宋篇》，臺北：臺灣學生書局，
　　2002。

謝冰瑩等：《新譯四書讀本》，臺北：三民書局，2000。

四、談陽明心學——「致良知」「知行合一」於「未辦土地繼承案」的體證

作者：游孟潔

前言

王守仁（1472－1529），浙江餘姚人，曾在貴陽修文陽明洞讀書居住，自號陽明子，後世因稱王陽明。平定宸濠之亂被封為新建伯，官至南京兵部尚書時，以返鄉養病為名，辭官回歸故里。回到老家興辦書院，講學不輟。嘉靖七年（1529），陽明病逝於江西。卒後以擅自離職，教異端等罪，判除世襲官銜，直至三十二年後才得恢復名銜，五十五年後「奉祀孔廟」。

王陽明的學術思想，乃是以「心即理」做為學說的基點；以「致良知」作為指引生命，提昇精神人格的道路；更以「知行合一」來說明認知與實踐萬事萬物之原理，乃是由「心即理」、「致良知」、「知行合一」三方面相互聯繫所構成的論述。

「心即理」的論點，肯定了人的道德主體性，乃是「純粹至善」的道德心體、性體，「心即理」的「心」，王陽明將它稱為「良知」，這個「良知」人人皆有，且永不消失。這「理」是指超越義的天理（天道），但天理卻是落實在每個生命，成為生命主體天賦固有「純粹至善」的德性，這德性，王陽明稱為「良知」，亦即人的真實本心、本性。「致良知」談的就是表現與實現「良知」，強調人經歷一番道德自覺的探索後，還原我們生命所應有的面貌（亦即呈現真實本心、本性）。

　　而所謂的「知行合一」，一切「知」，既是指「良知」，「行」指實踐，其意義在闡述道德實踐作用的開展，生命精神境界方得以擴充，此般認知與實踐萬事萬物之價值原理，方得以呈顯。是故「知行合一」的涵義，強調著「良知」必須由人的實踐來表達與體現，「良知」與「行」無論如何都不能分離的，「致良知」的展開形式，就是「知行合一」。

　　「知行合一」言說著人心主體就是本著自己的「至善」、「良知」而行，無須向外求索，此般德性的擴充發揮，透過無私的實踐，道德主宰性的行動力，融會心與天理（天道）於一體，感應這世界，進行生命意義的建構。吾人認為這就是在呈現天道的作用，其道德價值便落在人心本體依於超越義的天理，與天地感應，感通合一超越義道德境界。

壹、錯綜複雜的土地繼承權的故事

中華民族是一個以家族情懷為首的責任性民族，傳承社會中的天理良心補足了現在法律（民法）的不足為論述，在古老社會，醫學不發達中，生兒育女無法順利長大成人，是常有的事，媳婦仔，童養媳，養子，養女，螟蛉子這些身分的行成，最大關鍵有二個：

其一，是為了傳宗接代。

其二，為了在勞力密集需求的農業社會中增加人力。

底下我以講故事的心情，論敝人以工作中的實例，探索「心即理」、「致良知」、「知行合一」的思想精神於「未辦土地繼承案」的體證。這故事乃是敘述有關一個媳婦仔的社會良心與家庭責任，而我則是秉持陽明「致良知」、「知行合一」的用心，幫客戶從未辦土地的繼承條

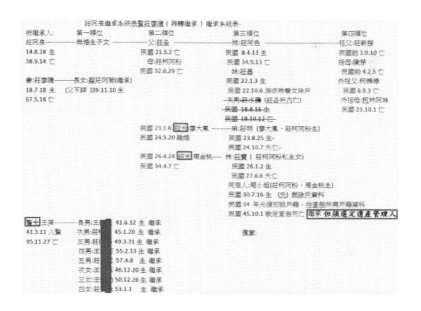

件中，要回一牛的土地繼承權，圓一個家園夢。

在台灣有許多的未辦繼承土地存在著多種難以克服的法理因素。以下就其中一個探討繼承過程中的法理因素阻饒造成長年無法繼承，然在有情理可循的情形下，請求法官秉持良知跨越法理而依情理判決的成功案例。

故事的開頭是這樣的。

廖氏隨出生三個月又六天，就以養子緣組入戶到莊家，從此姓莊，帶著本姓，稱莊廖氏隨，準備長大後與莊家長男莊阿泉送做堆做夫妻。

如此婆婆養著小媳婦，養出感情如同親生女兒一樣。緩和婆媳緊張關係、增加勞動力，也培養深厚的夫妻感情等。一般正常狀況下，這樣的媳婦仔在家中扮演的腳色就是要擔大任，所以大小事情都做，料理家務就像小大人一般的。也因此當家中發生巨大變化時，往往也是撐起一片天的要角。

本案中，被繼承人莊阿泉，民國（大正）14年8月28日出生，七歲時其父莊各往生。留下遺腹女莊昌（後出養），身為家中長男，莊阿泉年僅七歲，已經擔任「戶長」重任了，戶主相續。媳婦仔身分的莊廖氏隨三歲，在未婚夫莊阿泉戶內稱謂「妹」。顯見家庭制度的穩定性。也由於傳統性社會習慣，自然形成。

但在勞力的農業社會中，孤兒寡母的處境，的確需要男人的協助。在莊阿泉和莊廖隨（媳婦仔）因年幼，尚未登記婚姻關係前，被繼承人莊阿泉的母親莊柯阿粉因孤苦無依及農作上的人力需求，二次贅夫，生二女一男，然事與願違，莊家還是不順利，一男一女夭折，一女失蹤（周

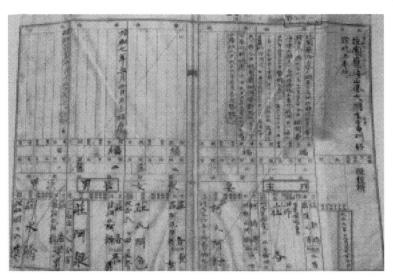

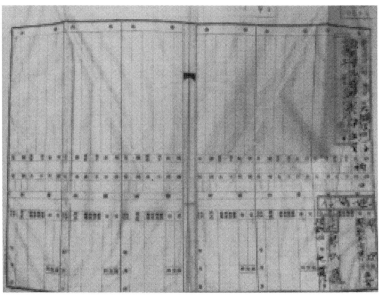

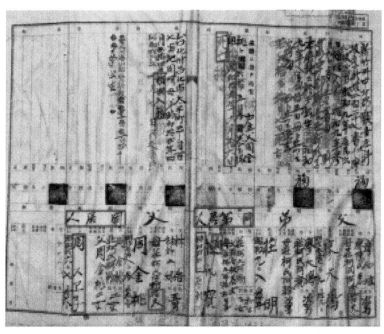

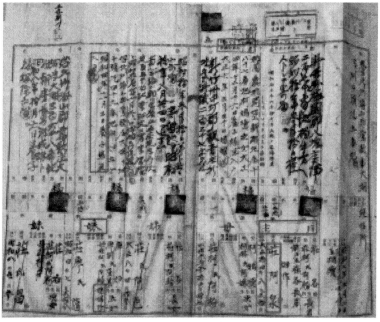

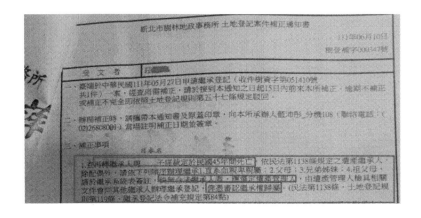

女），在戰亂與貧窮的年代，死亡與失蹤是常有的事。失蹤無跡可查是無法辦理繼承的主因。

遂於中華民國109年6月30日向法院提出聲請宣告死亡。

中華民國110年2月18日裁定失蹤（周女）死亡日為中華民國45年10月1日，於此正式向地政事務所申請辦理繼承登記程序。

貳、婆媳基於傳統禮俗的「知行合一」

「招婿與招夫」之繼承權

日據時期之「招婿與招夫」，其目的及財產繼承有何規範？

一、招入婚姻，係指男進女家之婚姻，分為「招婿」與「招夫」二種，現行民法均稱為贅夫。日據時期，尚有以「入夫婚姻」稱，均以妻為戶主時，入其家為其夫之

謂。

（一）招婿：家女在本家迎夫。

（二）招夫：寡婦留在夫家迎後夫。

二、招家之目的

（一）爲得繼嗣：招家缺少男子孫，因而招入以求男子孫，以冀祭祀及家業有人承繼。

（二）爲扶養或管理家產：招家缺少男子，因而招入，令其養老扶幼或管理財產。

三、財產上之效力

（一）招夫、招婿，對於招家之財產，原則上並無任何權利。

（二）招夫、招婿，對本生家家產，亦無任何權利，但於本生家分析（分割）家產前，歸宗者，得參加其家產之分析。

四、婚生子女繼承權

（一）招夫、招婿之子，對其父母遺產之繼承權，冠父姓者，繼承父之遺產，冠母姓者，繼承母之遺產。

（二）惟，如經冠父姓或冠母姓者之同意，得共同繼承其父或母之遺產。

當莊阿泉長大後，遂與莊廖隨有了婚姻關係，很不幸莊阿泉於礦坑工作中意外死亡，**尚未有子女，而其母招夫後，又比莊阿泉早逝，所以莊家的重擔，都在莊廖隨的身上。**深感莊廖隨一生在莊家的使命，從媳婦仔到媳婦，喪夫後，仍不離不棄守住莊家產業，捧莊家香火，莊廖隨再贅夫王姓，仍然依照習俗，抽「豬母稅」（閩南俗語：冠

先夫姓之意）爲莊家新添捧香火的繼承人（知行合一）。

本案繼承的困難點：

1. 人物橫跨兩個朝代，日本及中華民國。

2. 日本時代女生沒有繼承權，中華民國的民法規定男、女生都有繼承權。

3. 繼承權的決定在日本時代，繼承發生點卻是在中華民國年代。

4. 被繼承人莊阿泉婚後於礦坑中意外死亡，**尚未有子女。遺產繼承人，除配偶外，依左列順序定之：**
   一、直系血親卑親屬。二、父母。三、兄弟姊妹。四、祖父母。

5. 父母皆早於被繼承人莊阿泉死亡時間點，然其母莊柯阿粉二次招夫都是在日據時代，雖有約定從姓屬別，表示未來繼承權的分別。然光復後依民法同母異父的周小姐（日本名）有權繼承。這違背了當初當事人的決定。

6. 周小姐（日本名）有出生登記，光復初設無登記，全台戶政均查不到資料，生死未譜，算失蹤人口，無從辦理繼承登記。只能聲請死亡宣告。

7. 台灣光復後，曾於35年4月間實施戶口清查，嗣於35年10月1日辦理初次設籍登，故死亡點須從35年10月1日起算十年爲死亡日期。裁定宣告死亡日45年10月1日，如此周小姐晚於被繼承人死亡日，依民法有繼承權。

8. 民法第1144條第二項與第1138條所定第二順序或第

三順序之繼承人同為繼承時，其應繼分為遺產二分之一。

上述八項是本案從民國38年9月14日被繼承人死亡後，遲遲無法也不願辦理的爭議原因。

由以上第四點，莊廖隨為莊阿泉之配偶，如能依照莊家人的原意由莊家人繼承莊家全部財產，告慰莊家祖先。相信是她終其一生的希望

我從旁觀者角度看莊家婆媳行為，皆乃「知行合一」，遵循了傳統的三從四德，任勞任怨真是最美的中國女人。

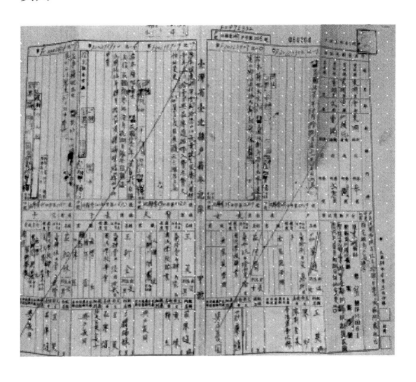

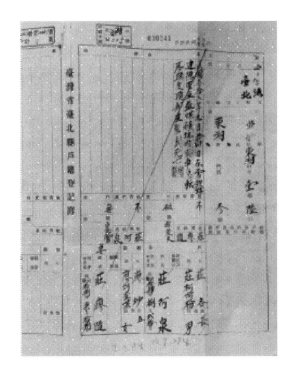

民法第1138條

遺產繼承人，除配偶外，依左列順序定之：

一、直系血親卑親屬。

二、父母。

三、兄弟姊妹。

四、祖父母。

民法第1144條

配偶有相互繼承遺產之權，其應繼分，依左列各款定
之：

一、與第1138條所定第一順序之繼承人同為繼承時，
其應繼分與他繼承人平均。

二、與第1138條所定第二順序或第三順序之繼承人同為繼承時，其應繼分為遺產二分之一。

三、與第1138條所定第四順序之繼承人同為繼承時，其應繼分為遺產三分之二。

四、無第1138條所定第一順序至第四順序之繼承人時，其應繼分為遺產

全部。

叁、「致良知」之請求判決書於庭上

前所言莊柯阿粉失蹤之周女，於民國110年法院裁定民國45年10月1日為周小姐法定死亡時間，周女出生時，莊阿泉戶內續柄註明同居人（意指捧周家香火的接班人），而非莊家家屬，依當時的農業社會秩序習慣，及按照日據謄本，周女只能繼承周家的財產。

且周女法定死亡年齡十五歲，未達成年，似屬夭亡，無法繼承。故書請求庭上依民法第1144條第四項判決、無第一千一百三十八條所定第一順序至第四順序之繼承人時，莊廖隨其應繼分為遺產全部。

莊廖隨以贅夫的方式，為莊家新添捧香火的繼承人（知行合一）。為其先夫莊阿泉傳承祭拜莊家歷代祖先之香火與莊家山坡地之種作，依照習俗，乃當時民間習俗與默契。

依照民法地所的補正要件，裁定死亡的周女，其繼承權，應選擇財產管理人繼承之，實際上是不具意義，許多類似的法人財產。無經費來源維持時，最終都收歸國有。

我以「致良知」的精神，鍥而不捨，就事實找出理由，找法條委婉的請求庭上，秉持天理良知，書文理由請求庭上判決莊阿泉之全部持分由捧莊家歷代祖先之「名實相符香火接續人即先母莊廖隨」為完全繼承人。

庭上博學，明辨事理，以「周女既係因失蹤而經本院裁定為死亡宣告，復查其無有繼承人存在，自當認周女並非莊阿泉之法定繼承人」，乃是「致良知」、「知行合一」之典範。

即執筆人：游孟潔　中華民國112年8月9日

附件

附件一相關佐證文件庭上判文「周女非莊阿泉繼承人」

附件二裁定死亡宣告書

附件三地所補正單

附件四請求判決登記以利宗地分割

附件五日據時期中國年號對照表

附件六日據時期-戶口調查簿簿頁事由記事解釋

附件一
相關佐證文件庭上判文「周女非莊阿泉繼承人」

籍資料，莊阿泉之繼承系統表在卷可參（見本院卷三第269
頁），是其等均在莊阿泉死亡前即已死亡，依據民法第1147
條，其等並非莊阿泉之繼承人。

4. 配偶莊廖隨及莊廖隨之子女部分：（農業社會中直接需勞力的需要）
(1) 莊阿泉於民國38年9月14日死亡後，其配偶莊廖隨於民國39
年11月10日產下蔡莊阿菊，戶籍資料登記為父不詳，有蔡莊
阿菊之戶籍謄本在卷可憑（見本院卷一第219頁），並非莊
阿泉之婚生子女，然依民法第1065條第2項規定「非婚生子
女與其生母之關係，視為婚生子女，無須認領。」，故其為
莊廖隨之婚生子女，且依民法第1138條規定，其為莊廖隨之
繼承人。（於夫家贅夫，繼續擇夫家香火，一般於入贅前約定贅後所生子女姓氏改屬）

(2) 莊廖隨於41年3月11日以招贅方式改嫁訴外人王英，莊廖隨
嗣於67年5月18日死亡，王英則於95年11月27日死亡，亦有
其等戶籍謄本在卷可參（見本院卷一第215、217頁；卷三第
285頁），而莊廖隨與王英所生子女有：王新金、莊松林、
莊興鴻、王進河、莊進忠、王寶玉、王寶勤、莊寶珠等8人
（下合稱王新金等8人），有其等之戶籍謄本在卷可憑（見
本院卷一第215-235頁；卷三第283-287頁）。是莊廖隨於67
年5月18日死亡時，其繼承人應有其配偶王英、其非婚生子
女蔡莊阿菊，其與王英所生子女即王新金等8人，且莊廖隨
之繼承人均未拋棄繼承乙情，亦有本院民事紀錄科查詢表在
卷可佐（見本院卷二第15頁）。故莊廖隨繼承自莊阿泉而來
之法定應繼分，即應由上開莊廖隨之繼承人繼承，亦有莊阿
泉繼承系統表及繼承人名冊在卷可參（見本院卷一第215-23
5、237、239頁；卷三第269頁）。

5. 父母、母親莊柯阿粉與招夫所生子女或其私生子女部分：
(1) 莊阿泉之父親莊各於昭和7年（即民國21年）5月2日死亡
（見本院卷三第299頁）、母親莊柯阿粉於昭和18年（即民
國32年）6月29日死亡（見本院卷三第191頁），有其等之上
開戶籍資料在卷可稽，其等均於莊阿泉死亡前即已死亡，故
非莊阿泉之繼承人。

(2)莊阿泉之母親莊柯阿粉於昭和9年（即民國23年）1月6日與
招夫廖大鳳有招贅婚，並於昭和10年（即民國24年）5月20
日離婚除戶，有其等之戶籍資料在卷可稽（見本院卷三第18
9、191頁）；其2人之婚生子女莊明，亦為莊阿泉同母異父
之兄弟姊妹，於昭和10年（即民國24年）10月7日死亡，有
其戶籍資料在卷可佐（見本院卷三第189頁），既於莊阿泉
死亡前即已死亡，故莊明並非莊阿泉之繼承人。
(3)莊阿泉之母親莊柯阿粉又於昭和12年（即民國26年）4月24
日與招夫周金桃有招贅婚，周金桃於昭和29年（即民國43
年）4月7日死亡，有其等之戶籍資料在卷可稽（見本院卷三
第189頁），其等並有下列子女：
①、其2人之婚生子女周ㄙ工子，亦為莊阿泉同母異父之兄弟
姊妹，而周ㄙ工子經本院於109年8月10日以109年度亡字
第45號裁定認：周ㄙ工子係昭和16年即民國30年7月16日
生，其於光復後初次辦理戶籍登記時即已失蹤，迄今已逾
10年，仍未尋獲，前曾經本院准為公示催告在案，現亦生
死不明，爰裁定宣告周ㄙ工子【女、昭和16年（民國30
年）7月16日生、最後戶籍地址：臺北州海山郡鶯歌街大
湖字圳子頭坑五番地】於民國45年10月1日下午12時死亡
等情，有除戶戶籍簿冊浮籤記事資料「新增」專用頁、周
ㄙ工子之戶籍謄本（見本院卷三第85-87頁）、本院109年
度亡字第45號裁定（見本院卷三第147-148頁）等在卷可
稽。而戶政資訊系統查無周ㄙ工子之婚姻記事、子女、兄
弟姊妹之戶籍資料等情，亦有新北市鶯歌戶政事務所111
年5月31日新北鶯戶字第1115872594號函暨所附周ㄙ工子
關係人之戶籍資料在卷可佐（見本院卷三第185-203
頁）。周ㄙ工子既係因失蹤而經本院裁定為死亡宣告，復
查無其有無繼承人存在，自當認周ㄙ工子並非莊阿泉之法
定繼承人。
②、莊柯阿粉之私生子女莊寶，經周金桃收養為養女，亦為莊
阿泉同母所生之兄弟姊妹，然於昭和13年（即民國27年）

6月16日死亡（見本院卷三第189頁），既於莊阿泉死亡前即已死亡，故非莊阿泉之繼承人。

6. 兄弟姊妹部分：

莊阿泉之父親莊各與母親莊柯阿粉所生之婚生子女，胞姊莊阿色於昭和10年（即民國24年）9月13日死亡（見本院卷三第187、269頁）、胞妹鄭莊昌（原名：莊昌）於昭和8年（即民國22年）10月6日因出養為游賴屬之養女而除戶（見本院卷二第25頁、卷三第187頁），故於莊阿泉38年9月14日死亡時，均非莊阿泉之法定繼承人。

7. 綜上，莊阿泉之繼承人即如4.(2)所示之蔡莊阿菊與王新金、莊松林、莊興鴻、王進河、莊進忠、王寶玉、王寶勤、莊寶珠等8人，並為被告所不爭執，堪信屬實。按諸前揭說明原告請求判決上開被告等應就其被繼承人莊阿泉所有系爭土地之應有部分辦理繼承登記等語，即屬有據，應予准許。

(二) 分割系爭土地有無法令上之限制：

1. 按各共有人，除法令另有規定外，得隨時請求分割共有物。但因物之使用目的不能分割或契約定有不分割之期限者，不在此限，民法第823條第1項定有明文。本件原告起訴主張系爭土地為兩造所共有，各共有人應有部分如附表一所示，系爭土地未訂有不分割之協議，亦無因物之使用目的上不能分割之情形乙節，業據提出土地登記謄本在卷可稽（見本院卷第53-55頁），且為被告所不爭執，堪信屬實。

2. 夫按每宗耕地分割後每人所有面積未達0.25公頃者，不得分割；但本條例89年1月4日修正施行前之共有耕地，得分割為單獨所有。前項第3款及第4款所定共有耕地，辦理分割為單獨所有者，應先取得共有人之協議或法院確定判決，其分割後之宗數，不得超過共有人人數，農業發展條例第16條第1項第4款、第2項定有明文。又依該款規定申辦分割之共有耕地，部分共有人於同條例修正後，移轉持分土地，其共有關係未曾終止或消滅，且分割後之宗數未超過修正前共有人數者，得申請分割，耕地分割執行要點第11點第1項亦有明

臺灣新北地方法院民事裁定

109年度亡字第45號

聲請人 莊松林 住新北市鶯歌區鶯桃路182巷16號

上列聲請人聲請宣告周ㄨㄨ子死亡事件，本院裁定如下：

主 文

宣告周ㄨㄨ子（女、昭和十六年（民國三十年）七月十六日生、最後戶籍地址：臺北州海山郡鶯歌街大湳記南子頭坑五番地）於民國四十五年十月一日下午十二時死亡 黃馨德

聲請程序費用由周ㄨㄨ子之遺產負擔 書記官

理 由 黃馨德

一、聲請意旨略以：聲請人與失蹤人周ㄨㄨ子同為被繼承人莊阿泉之繼承人，聲請人為辦理繼承莊阿泉之遺產事宜，經新北市樹林地政事務所函覆要求補正失蹤人死亡登記事宜，惟經聲請人向新北市鶯歌戶政事務所查詢失蹤人之戶籍資料，失蹤人自光復後之初設戶籍即查無戶籍資料，可認失蹤人光復後初次辦理戶籍登記時，即已失蹤，處於生死不明之狀態，迄今已逾10年，仍未尋獲，前曾向本院聲請公示催告，業經本院於民國109年8月10日以109年度亡字第45號裁定准為公示催告，並揭示於法院公告處及資訊網路在案，現陳報期間屆滿，未據失蹤人陳報其生存，亦無知悉失蹤人生死者陳報其所知，為此聲請為宣告失蹤人周ㄨㄨ子死亡之裁定等語。

二、按失蹤人失蹤滿10年後，法院得因利害關係人或檢察官之聲請，為死亡之宣告；修正之民法總則第8條之規定，於民法總則施行後修正前失蹤者，亦適用之，但於民法總則修正前，其情形已合於修正前民法總則第8條之規定者，不在此限，民國71年1月4日修正公布前之民法總則第8條第1項及民法總則施行法第3條第3項分別定有明文。又受死亡宣告者，以判決內所確定死亡之時，推定其為死亡；前項死亡之時，應為前條各項所定期間最後日終止之時。民法第9條第1項、第2項前段亦有明定。

三、經查，失蹤人周ㄨㄨ子係昭和16年即民國30年7月16日生，其於光復後初次辦理戶籍登記時即已失蹤，迄今已逾10年

1

仍未尋獲，前曾經本院於109年8月10日以109年度亡字第45
號裁定准為公示催告在案，現亦生死不明等情，有聲請人提
出之新北市鶯歌戶政事務所函、新北市樹林地政事務所土地
登記案件補正通知書暨繼承系統表、土地登記申請書權利義
務人附表、相關人戶籍資料等件為證，復經證人即聲請人之
兄王新金到庭證述明確，核與聲請人之主張大致相符，並經
本院依職權調取失蹤人戶籍資料核閱屬實，有新北市鶯歌戶
政事務所109年7月30日新北鶯戶字第10958063727號函在卷
可稽。又國民政府於34年10月25日臺灣光復後，曾於35年4
月間實施戶口清查，嗣於35年10月1日辦理初次設籍登記，
而當時人口於臺灣光復後未辦理初設戶籍登記之原因，不外
乎失蹤、死亡等因素所致，此為眾所周知之事實。從而，雖
無法直接認定失蹤人死亡之事實，惟可認至遲於35年10月1
日即處於失蹤狀態，迄今仍行方不明，已逾10年之失蹤法定
期間。今申報期間屆滿，未據失蹤人陳報其生存，亦知其生
死者陳報其所知，又聲請人與失蹤人同為莊阿泉遺產之繼承
人，有法律上利害關係，依前揭規定，於失蹤人失蹤滿10年
後提出本件聲請，合於法律規定，本院自得因聲請人之聲請
，為死亡宣告。
四、本件失蹤人周又衛子自35年10月1日失蹤，計至45年10月1日
止失蹤已屆滿10年，自應推定其於是日下午12時為其死亡之
時，准予依法宣告。
五、爰依家事事件法第154條第3項，裁定如主文。
中　　華　　民　　國　　110　年　　2　月　　18　　日
　　　　　　　　　家事第一庭　法　官　顏仁戎
以上正本係照原本作成。
如不服本裁定應於送達後10日內向本院提出抗告狀，並應繳納抗
告費新臺幣1,000元。
中　　華　　民　　國　　110　年　　2　月　　18　　日
　　　　　　　　　書記官　黃馨鋑

臺灣新北地方法院民事裁定

109年度亡字第45號

聲　請　人　莊松林　住新北市鶯歌區鶯桃路182巷16號

上列聲請人因聲請宣告周又卫子死亡事件，聲請公示催告，本院
裁定如下：

主　文

一、准對失蹤人周又卫子（女、昭和十六年（民國三十年）七月
　　十六日生、最後戶籍地址：臺北州海山郡鶯歌街大湖字坽子
　　頭坑五番地）為宣告死亡之公示催告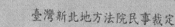

二、該失蹤人應於本公示催告揭示於本院公告處或資訊網路之翌
　　日起陸個月內○○向本院陳報現尚生存，如不陳報，本院將宣
　　告其為死亡

三、無論何人，凡知該失蹤人之生死者，均應於上開時日以前，
　　將其所知之事實，陳報本院。書記官
　　黃馨德

理　由

一、聲請意旨略以：聲請人莊松林與失蹤人周又卫子同為被繼承
　　人莊阿泉之繼承人，聲請人為辦理繼承莊阿泉之遺產事宜，
　　經新北市樹林地政事務所函覆要求補正失蹤人死亡登記事宜
　　，惟經聲請人向新北市鶯歌戶政事務所查詢失蹤人之戶籍資
　　料，失蹤人自光復後之初設戶籍即查無戶籍資料，可認失蹤
　　人光復後初次辦理戶籍登記時，即已失蹤，處於生死不明之
　　狀態，迄今已逾10年，爰依法聲請對失蹤人為死亡宣告之公
　　示催告等語。

二、按失蹤人失蹤滿10年後，法院得因利害關係人或檢察官之聲
　　請，為死亡之宣告；修正之民法總則第8條之規定，於民法
　　總則施行後修正前失蹤者，亦適用之，但於民法總則修正前
　　，其情形已合於修正前民法總則第8條之規定者，不在此限
　　，民國71年1月4日修正公布前之民法總則第8條第1項及民法
　　總則施行法第3條第3項分別定有明文。又按法院准許宣告死
　　亡之聲請者，應公示催告；公示催告應揭示於法院公告處，
　　資訊網路及其他適當處所；法院認為必要時，並得命登載於
　　公報或新聞紙，或用其他方法公告之。又前開陳報職期間，自

揭示之日起，應有6個月以上。家事事件法第156條第1項、
第3項、第130條第3項至第5項分別定有明文。

三、聲請人主張之上開事實，業據其到庭陳述甚詳，並提有新北
市鶯歌戶政事務所函、新北市樹林地政事務所土地登記案件
補正通知書暨繼承系統表、土地登記申請書權利義務人附表
、相關人戶籍資料等件為證，復經證人即聲請人之兄王新金
到庭證述與聲請人主張大致相符，並經本院依職權調取失蹤
人戶籍資料，據新北市鶯歌戶政事務所函覆略以：本轄僅查
得該姓名者「周ㄨㄗ子」（女、昭和16年7月16日生）1筆日
據時期戶籍資料，查無其光復後設籍資料等語，有該所109
年7月30日新北鶯戶字第10958063727號函在卷可稽，是聲請
人前開主張，自堪信為真實。又國民政府於34年10月25日臺
灣光復後，曾於35年4月間實施戶口清查，嗣於35年10月1日
辦理初次設籍登記，而當時人口於臺灣光復後未辦理初設戶
籍登記之原因，不外乎失蹤、死亡等因素所致，此為公所週
知之事實。從而，雖無法直接認定失蹤人死亡之事實，惟可
認至遲於35年10月1日即處於失蹤狀態，迄今仍行方不明，
已逾10年之失蹤法定期間，又聲請人與失蹤人同為莊阿桑遺
產之繼承人，有法律上利害關係，是本件聲請係屬正當，應
予准許。

四、依家事事件法第156條，裁定如主文。

中　　華　　民　　國　109　年　　8　　月　　10　　日

家事第一庭　法官　顏仁武

以上正本證明與原本無異。

如對本裁定抗告須於裁定送達後10日內向本院提出抗告狀，並應
繳納抗告費新臺幣1,000元整。

中　　華　　民　　國　109　年　　8　　月　　10　　日

書記官　黃馨德

臺灣新北地方法院家事庭　函

地　　址：220223新北市板橋區民生路1段30 4
傳　　真：(02)2955-3082
承 辦 人：商股書記官
聯絡方式：(02)2961-7322轉2689

受文者：聲請人莊松林

發文日期：中華民國109年7月23日
發文字號：新北院賢商109年度亡字第45號
速別：
密等及解密條件：
附件：

主旨：請於文到後三日內陳報如下說明二之事項，請查照。

說明：

一、本院辦理109年度亡字第45號死亡宣告事件，認有查明之
　　必要。

二、請陳報：

　　（一）相對人周又卫子何時失蹤或已經死亡之證據資料。

　　（二）相對人周又卫子最後設籍地址。

正本：聲請人莊松林
副本：

臺灣新北地方法院家事法庭

四、談陽明心學——「致良知」「知行合一」於「未辦土地繼承案」的體證　109

附件三地所補正單

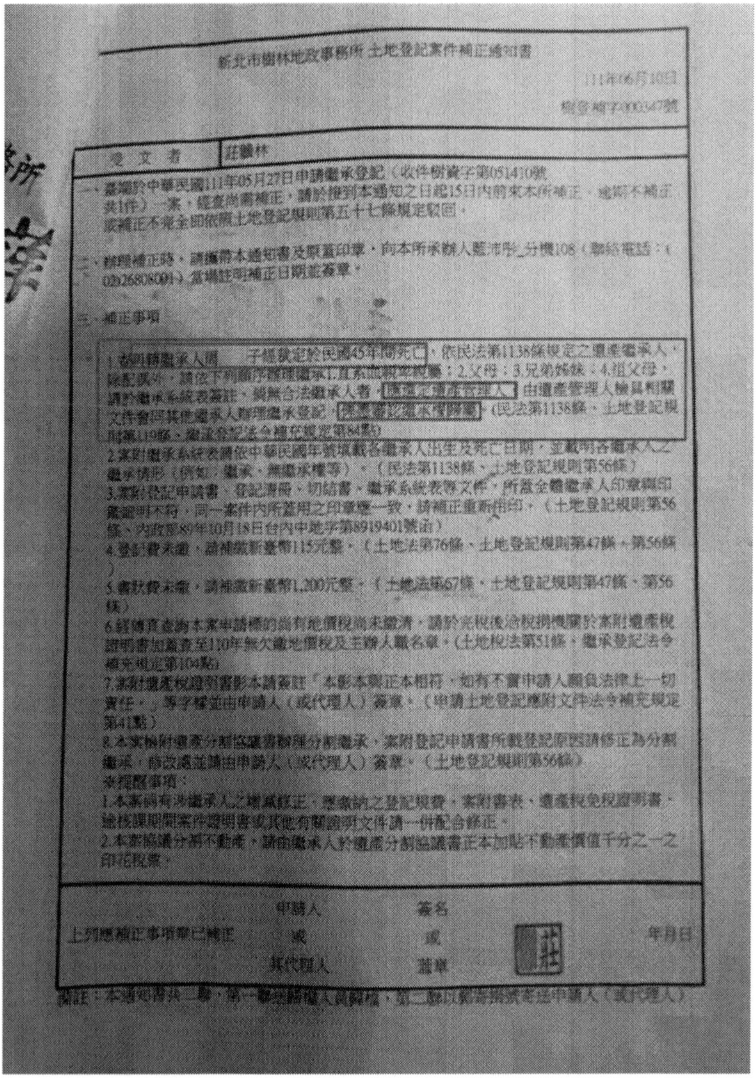

新北市樹林地政事務所 土地登記案件補正通知書

111年06月10日

樹登補字000347號

受文者	莊麟林

一、台端於中華民國111年05月27日申請繼承登記（收件樹資字第051410號共1件）一案，經查尚需補正，請於接到本通知之日起15日內前來本所補正，逾期不補正或補正不完全即依照土地登記規則第五十七條規定駁回。

二、辦理補正時，請攜帶本通知書及原蓋印章，向本所承辦人藍沛彤_分機108（聯絡電話：(02)26808091）當場註明補正日期並簽章。

三、補正事項

1.被繼承人周　　子經裁定於民國45年間死亡，依民法第1138條規定之遺產繼承人，除配偶外，請依下列順序辦理繼承1.直系血親卑親屬；2.父母；3.兄弟姊妹；4.祖父母，請於繼承系統表簽註，如無合法繼承人者，應選定遺產管理人，由遺產管理人檢具相關文件會同其他繼承人辦理繼承登記，應另案辦理繼承登記（民法第1138條、土地登記規則第119條、繼承登記法令補充規定第84點）

2.案附繼承系統表請依中華民國年號填載各繼承人出生及死亡日期，並載明各繼承人之繼承情形（例如：繼承、無繼承權等）。（民法第1138條、土地登記規則第56條）

3.案附登記申請書、登記清冊、切結書、繼承系統表等文件，所蓋全體繼承人印章與印鑑證明不符，同一案件內所蓋用之印章應一致，請補正重新用印。（土地登記規則第56條、內政部89年10月18日台內中地字第8919401號函）

4.登記費未繳，請補繳新臺幣115元整。（土地法第76條、土地登記規則第47條、第56條）

5.書狀費未繳，請補繳新臺幣1,200元整。（土地法第67條、土地登記規則第47條、第56條）

6.經調資查詢本案申請標的尚有地價稅尚未繳清，請於完稅後洽稅捐機關於案附遺產稅證明書加蓋查至110年無欠繳地價稅及主辦人職名章。（土地稅法第51條、繼承登記法令補充規定第104點）

7.案附遺產稅證明書影本請簽註「本影本與正本相符，如有不實申請人願負法律上一切責任。」等字樣並由申請人（或代理人）簽章。（申請土地登記應附文件法令補充規定第41點）

8.本案檢附遺產分割協議書辦理分割繼承，案附登記申請書所載登記原因請修正為分割繼承，修改處並請由申請人（或代理人）簽章。（土地登記規則第56條）

※提醒事項：

1.本案倘有涉繼承人之增減修正，應繳納之登記規費、案附書表、遺產稅免稅證明書、地核課期間案件證明書或其他有關證明文件請一併配合修正。

2.本案協議分割不動產，請由繼承人於遺產分割協議書正本加貼不動產價值千分之一之印花稅票。

上列應補正事項業已補正	申請人 或 其代理人	簽名 或 蓋章	年月日

備註：本通知書共二聯，第一聯送歸檔人員歸檔，第二聯以郵寄掛號寄送申請人（或代理人）

五、天理（朱）與良心（王）

作者：詹宏基

　　很榮幸可以參與朱子學與陽明學對話的研討會，本場會議具有時代意義，也牽涉到中華民族未來思想文化何去何從之思辯，同時我們也將前往鉛山縣鵝湖書院，彷彿將重新回到當年由呂祖謙邀請，朱熹與陸九淵、陸九齡等人參加鵝湖之會的場景，這是中國思想史上為期三天世紀大辯論，熱烈空前，雖雙方各持己見、不歡而散，但或許也是仁者見仁、智者見智之見解吧！

　　朱熹的理學承襲程頤學說，認為性即理，我的本性就有天理，強調格物致知，而格物就是窮盡事物之理，致知就是推致其知以至其極，側重於感應與體驗，他認為心是一種包括知情知意等意識活動及其內容在內的整體概念，在他看來理雖內在於心而為心之主體，也散在萬物，物物各有其理，他並且強調經驗與知識的重要性，而格物窮理之學對於提高人的精神境界是必須的，但窮理並不是目的甚至也不是認識自然界的客觀規律，而是為了實現心靈的自覺以為明明德。

　　他強調人的最高境界就是當聖賢做君子，因此有強烈的知識取向，尊德行道問學，這個世界的一切運轉靠的就

是天理，如太陽升起水往低處流也是一種理，不辯自明也強調一個有天理的倫理秩序，具有道德理性對自然情感的優先價值，重三綱五常之道；做人做學問都要努力紮根，只有發達的根才能行遠，除了格致之外要正心誠意行大公之道，闡釋倫理道德及生活理想，存天理、去人欲，並且構建一套博大精深體系，逐漸的成南宋的主流思潮，而為來主政的統治階層所推崇，甚至入孔廟與孔子等先賢一同祭祀，然而這一套學說逐漸演變成為教規，後人所見到的有如朱子格言、朱子家訓，將天理高高在上的端在那裡，向老百姓解釋清楚，然後大家去服從，以致於成為官方哲學，進而成為僵死的教條，其所編撰四書註記更成為科舉教本規範，使儒家思想成為控制中國封建制度社會的思想，影響全中國近七八百年，後在民初五四運動打倒孔家店所被聲討的對象，恐怕是朱子所始料未及之事。

而心學的代表人物，王陽明承續著程灝陸九淵的學說，主發人之本心，心即是理，心比什麼都重要，無心外之理，把心搞定，一切都以心為主，吾心便是宇宙，宇宙便是吾心，天理不是知識科學的理，天理在人心，所有關於聖賢和君子我心裡全有了，不需要到外面找，這就是那個歷史上著名的大喜過望的時刻，只不過王陽明把這個概念成為理論並且把它雕琢的越來越細，因此心學的核心思想就是心就是理，知行合一，致良知，通過簡單這幾個字，就能把握和洞察一脈思想的體系，人人都能在這個思想體系找到自己人格向上攀援的可能，人人都能看到希望，那麼成為聖賢就不是那麼遙不可及，但立定志向，知行合一變得特別重要。

其實陽明心學也不是他獨創的，它的淵源有兩處，第一個是佛學，它的思想是與心學相通，他們認為每個眾生都是佛性俱足，你自己就是佛，只不過因為各樣亂七八糟把心給污染，也把佛性給遮蔽，所以你終身目標是修持，把這些東西扒開然後見性成佛，學佛就是為了成佛；第二個是孟子，他說惻隱之心人皆有之謂之仁，羞惡之心人皆有之謂之義，恭敬之心人皆有之謂之禮，是非之心人皆有之謂之智，他更說吾善養無浩然之氣，因此心學就是總合這些概念。

　　然而這套心學並不是沒有缺點，在這個思想多元的社會，價值的判斷也是多元，標準難以界定，你的心和我的心就不一樣，彼此無法質疑也無法否定，你是不是聖賢我如何能看見。

　　綜觀理學與心學思想，可以簡單劃分他們的區別

　　1.由內而外，唯識論；由外而內，唯心論。

　　2.深奧繁瑣；新速實簡。

　　3.近於傳統儒家——尤其孔子思想結合道家與實證科學相通；近於佛家——尤其禪學與儒家尤其與孟子思想結合。

　　4.學聖人，有標準可循；作聖人，人人有機會但無常規可依循。

　　5.思想禁錮；思想解放。

　　6.影響中國及東亞傳統封建科舉制度數百年；新的思潮影響近百年日本維新與近代企業經營及個人安身立命的心法。

　　以上程朱理學及陽明心學論辯，是中國思想史上相當

引起轟動的議題，歷來有許多學者有大篇幅論述，尤其近代學者多數站在陽明心學這邊，而對程朱理學有較多的批評，或許是人性使然，其實這兩派學說無關對錯與是非，是看你站在那個角度去看待，統治者與庶民百姓各擷取一部份作為他們所需要的，其時兩者都不可偏廢，猶如人有理性與感性，左右腦也各司其職，既要向內求也要向外求，猶如光知有孝親之理沒有孝親之心也是枉然，而唯心學派強調人人都可以成聖賢，但知與行之間在當代社會其實還很大的鴻溝，當無法有一個衡量的標準，也容易流於空泛，儘管兩派有相當的歧異，若要求一個共同點就是知行合一吧！

六、傳芳理學

作者：呂術魁

　　尤縣長、朱委員、張委員、呂創辦人、各位女士、各位先生：

　　今天是台灣鵝湖書院（彰化）成立、開幕的日子，各位在現場可以看到「傳芳理學」及「台灣鵝湖書院」的牌子，這是2014年在新竹縣橫山鄉成立「台灣鵝湖書院」的第二處！

　　本尊的鵝湖書院在江西省上饒市鉛山縣，是公元1175年呂祖謙邀集大思想家朱熹、陸九淵（象山）兄弟論辯儒學學術辨異、同的偉大地方，我在台灣設立台灣鵝湖書院，想傳繼和諧辨異同、異中求同、皆是同志何分異同精神，並引起世人更加重視鵝湖精神。當前，台灣綠藍對抗、兩岸歧異、基督教文明與回教文明衝突、貧窮富裕分離、不同年齡世代的分歧，皆需鵝湖精神，都需要學習大思想家朱熹、陸九淵、呂祖謙「坐下來談」，異中求同、求同存異，互相傾聽對方的話、互相讓步，互相尊重。

　　我的宗族中，有「傳」字輩（如呂傳勝、呂傳盛)、其次是「芳」字輩（如呂芳煙、呂芳林)、「理」字輩

（如呂理胡、呂理雄、呂理全、呂理鴻)、「學」字輩（如呂學樟、呂學勤、呂學海)，合起來便是「傳芳理學」。

原來，祖先對後輩有很強的「傳芳理學」的願望，富有中華文化的高度，但在過去一段時間裏，大家似乎忘了「傳芳理學」的意義，如今透過台灣鵝湖書院的成立，則可以把理學中最精華的鵝湖精神找回來，並加以推廣。感謝創辦人呂榮海律師的遠見、博學，讓我們重新認識「傳芳理學」及鵝湖，也感謝各位先進的共襄盛舉。

詩云：金華發祥，繁衍潮漳；

　　　　傳芳理學，紹美文章。

　　　　（浙江、潮漳、桃園、土城、中和呂氏宗親排行）

詩云：爾甫希賢哲，于茲毓俊良；

　　　　子孫敦本實，伯仲炳文章。

　　　　（南安、金門、廈門同安、淡水呂氏宗親排行）

七、南歌子（呂本中）
選冠子（呂渭老）

作者：呂理聖

前幾日經過三民書局，發現有另一本劉慶雲先生注譯的宋詞三百首，收錄呂氏先人二首；有別於汪中先生註譯宋詞三百首，收錄呂濱老（〈薄倖〉）一首（見《紅樓小語》12），分享如下：

詞牌：南歌子（呂本中)

驛路侵斜月，溪橋度曉霜。短籬殘菊一枝黃，正是亂山深處、過重陽。旅枕元無夢，寒更每自長。只言江左好風光，不道中原歸思、轉淒涼。

詞牌：選冠子（呂渭老)

雨溼花房，風斜燕子，池閣畫長春晚。檀盤戰象，寶局鋪棋，籌畫未分還懶。誰念少年，齒怯梅酸，病疏霞盞。正青錢遮路，綠絲明水，倦尋歌扇。空記得、小閣題名，紅牋青製，燈火夜深裁剪。明眸似水，妙語如弦，不覺曉霜雞喚。聞道近來，箏譜慵看，金鋪長掩。瘦一枝梅影，回首江南路遠。

八、邀請函

"天理良心：朱子学与阳明学的对话"国际学术研讨会

暨首届海峡两岸高校"鹅湖会讲"研学交流活动

邀请函

_____先 生

坐落江西省上饶市"美丽江南高原"怀玉山盆地、具有千余年历史的怀玉书院，是南宋时朱子讲学之所并在玉山留下《玉山讲义》，同时也是明代阳明后学讲学论辩"斗山之会"所在地，为推动宋明理学的发展发挥了重要作用。为推动朱子学与阳明学的互动发展，探讨新朱子学与阳明学之间的关系，上饶师范学院、中国社会科学院中国思想史研究中心、玉山县人民政府将于今年8月下旬联合主办"天理良心：朱子学与阳明学的对话"国际学术研讨会与首届海峡两岸高校"鹅湖会讲"研学交流活动。上饶师范学院朱子学研究所、怀玉书院暨玉山县怀玉山红色文化教育中心承办。素仰先生在朱子学与阳明学研究领域学殖深厚，卓有建树，诚挚邀请您共襄盛会。现将有关事情裹告如下：

一、会议主题：天理良心：朱子学与阳明学的对话

主要议题

1、朱子学与阳明学的比较研究

2、朱子学与阳明学的互动发展

3、朱子学、阳明学与地方文化研究

4、朱子后学、阳明后学研究

5. 宋明理学文化研究

二、活动时间：2023 年 8 月 21 日至 8 月 25 日，共 5 天

三、主要地点：上饶市玉山县怀玉书院、铅山县鹅湖书院等。

四、主要活动内容

8 月 21 日 全天报到，地点玉山县怀玉书院

8 月 22 日 上午 "天理良心：朱子学与阳明学的对话"国际学术会议暨首届海峡两岸高校"鹅湖会讲"研学交流开幕式，嘉宾主旨报告；下午， 首届海峡两岸高校"鹅湖会讲"对话会（1 小时），参观怀玉山十八龙潭景区与清贫园景区

8 月 23 日上午 天理良心：朱子学与阳明学的对话"国际学术会议分组会议；下午，参观玉山博物馆、宋代古城墙、清代考棚

8 月 24 日上午，参观铅山县鹅湖书院、敬师礼展示与茶道表演；下午，参观铅山县石塘古镇、永平蒋仕铨故居、辛弃疾墓与瓢泉

8 月 25 日 返程。

五、相关费用

受邀嘉宾到达上饶后的住宿费、餐饮费、文化考察费等将由会议承办方承担，往返交通费由与会者自行承担。

五、会议回执与论文：

请于 2023 年 5 月 30 日前将会议回执送至会议邮箱@sina.com。我们将依据回执发送正式邀请函。请您于 2023 年 7 月 20 日前将您的原创论文电子版发送至会议邮箱：zzxyjs6111@sohu.com，以便在会前印制会议论文集，提供给与会学者交流。在会议结束后，论文将择优选用到《朱子学研究》正式发表（如不同意发表请告知）。论文要求：请参会代表围绕上述会议议题撰写并提交参会论文，论文撰写格式如下：(1)篇名(2)服务单位、职称(3)基金项目(4)摘要、关键词(5)注释请用页下脚注，注释编号每页另起，注释序号为：①，②，③……。注释现代出版物引文请注明：作者、著作名、出版社、出版年、页码。

六、会议联系人：

会议总协调人：徐公喜　　　手机：13607933030

会议联系人：胡荣明　　　　手机：15779377611

会议主办：

上饶师范学院、中国社会科学院中国思想史研究中心

上饶市台湾事务办公室、玉山县人民政府

会议承办：

上饶师范学院朱子学研究所、怀玉书院

二〇二三年七月五日

会议回执

请于 2023 年 7 月 30 日前寄回回执。。

姓名		单位 职务与职称	
论文题目			
台胞证号		电话	
到达上饶高 铁站时间		往返 时间	

注：请将"回执"及论文以电子邮件方式发送指定邮箱：zzxyjs6111@sohu.com。

九、作者及參加人簡介

呂榮海

　　臺灣大學法學博士，博士論文《勞動法的法源》及碩士論文《融資性租賃契約之研究》，分別由王澤鑑、黃茂榮指導，在臺大圖書館存有，歡迎查閱。專業律師逾四十年，助人為樂，2009年見鵝湖書院從法歸（融）儒，成為鵝湖之會、鵝湖書院、麗澤書院志工，研究了十多年的宋明清理學，重掘傳統文化的精良成份，希望融合傳統文化之精華與新時代知識如法學、經濟等。曾任行政院公平交易委員會委員，對產業經濟、勞資關係、農工進化、歷史多有興趣。也自有太陽能發電，曾任民營電廠董事長，堪稱法律界知電者。

歐東華

　　1.國立基隆高中前校長
　　2.中華文教樂活養生事業協會理事長
　　3.華梵大學東方人文思想研究所文學博士
　　4.專研北宋理學家周敦頤思想

5. 中國澹寧書法學會顧問、港澳台美術協會理事、台灣「蓬萊十閒」書畫雅集會員、中國美術協會會員。

著作：

《進入後現代教育現場的感動》、《第一百萬塊鵝卵石》、《開滿美麗的花朵》、《下過霜的柿子才會甜》、《阻擋的岩石激起美麗的浪花》、《一切顯得滋潤而源遠流長》、《老鷹與鴨子的幸福人生鍋》、《周敦頤「天人之際」研究》、《全面品質管理運用於高級中學之策略研究——以一所私立高中實施品管圈經驗為例》等教育行政、文學評論、生命義理書籍。

游孟潔

1. 1987年畢業於中壢聖德基督學院神學系
2. 二十五年功文幼教
3. 十二年土地繼承代書助理
4. 受惠於宮廟音樂及說書之故、曾多次參與樂團演出、主司琴古箏及南胡。
5. 喜閱讀小說散文

詹宏基

其實我已處半退休狀態，過去一直是房地產從業人員達三十餘年，最早前二十年是在新光機構服務，後調派至花蓮兆豐農場當任吳東進董事長特別助理，後因父親中風臥床，從原職務離職，返回台北。離開新光後轉到桃園的房屋代銷界發展，後又輾轉進到建設公司擔任專業經理

人，目前是兩家公司股東，分別是新竹金兆威廣告總監，並且是萬里遊科技公司股東擔任董事，這家公司是專注於用遊戲方式引導從幼兒園到大專院校從事AI的教育與職涯發展，另外退休後也利用業餘時間，從事房地產都更危老重建投資。

呂術魁

原名呂坤源，曾任台灣鵝湖書院院長，呂祖謙第二時三代孫、中華呂祖謙學術研究會理事。從事房地產投資、代書工作，國際扶輪地區助理總監。我日本女婿最近回台灣，我會請他去籌備台灣鵝湖書院日本分院，希望能如願。

呂理聖

台北市建國中學校友會副總幹事、台灣鵝湖書院活動組長、中華呂祖謙學術研究協會前總幹事、理事、呂祖謙二十四代直系裔孫、不動產仲介業。

程兆熊作品集 10

九十回憶

程兆熊 著

多年不作還鄉計，行腳終因故里停，
莫道暫停無故里，我家山色夙青青。

程兆熊作品集 11

中國農業政治

中國太平要義

程兆熊 著

本書是從農業上談政治，而其根源，則是在從性情上談農業。
從性情上談農業，已有不少人士認為不是當今之所宜。
而從農業上談政治，更有許多人們誠之為實乃目前之迂語。

老子的正言若反、莊子的謬悠之說……《鵝湖民國學案》正以「非學案的學案」、「無結構的結構」、「非正常的正常」、「不完整的完整」，詭譎地展示出他又隱涵又清晰的微意。

曾昭旭教授推薦語

願台灣鵝湖書院諸君子能繼續「承天命，繼道統，立人倫，傳斯文」，綿綿若存，自強不息。蓋地方處士，原來國士無雙；行所無事，天下事，就這樣啓動了。

林安梧教授推薦語

喚醒人心的暖力，煥發人心的暖力，是當前世界的最大關鍵點所在，人類未來是否幸福，人類是否還有生存下去的欲望，最緊要的當務之急，全在喚醒並煥發人心的暖力！

王立新（深圳大學人文學院教授）

人們在徬徨、在躁動、在孤單、也在思考，希望從傳統文化中吸取智慧尋找答案；另一方面是割不斷的古與今，讓我們對傳統文化始終保有情懷與敬意！依然相信儒家仁、愛之說仍有益於當今世界。

王維生（廈門筼簹書院山長）

哲理叢書 01
001

鵝湖民國學案

呂榮海 賴研 蕭新永 洪文東 周隆亨 潘俊隆 陳蕙莉 陳珊媛等35人 合著

台灣鵝湖書院

呂榮海 賴研 蕭新永 洪文東
周隆亨 潘俊隆 陳蕙莉 陳珊媛
等35人 合著

華夏出版

老子的正言若反、莊子的謬悠之說……
《鵝湖民國學案》正以
「非學案的學案」、「無結構的結構」、
「非正常的正常」、「不完整的完整」，
詭譎地展示出他又隱涵又清晰的微意。

—— 曾昭旭教授推薦語

國家圖書館出版品預行編目資料

天理良心：朱子學與陽明學的對話論文集 / 呂榮海等著. -- 初版.
-- 新北市：華夏出版有限公司, 2023.09
　面；　　公分. - -（蔚理文叢03；003）
ISBN 978-626-7296-77-6（平裝）
1.CST：朱子學 2.CST：陽明學 3.CST：比較研究 4.CST：文集

125.507　　　　　　　　　　　　　　　　　112013659

蔚理文叢03　003

天理良心：朱子學與陽明學的對話論文集

著　　作　呂榮海　歐東華　游孟潔　詹宏基　呂術魁　呂理聖
編輯策劃　蔚理有限公司‧臺灣鵝湖書院
　　　　　臺北市103大同區錦西街62號
　　　　　電話：02-25528919
　　　　　Mail：Penny9451@gmail.com
印　　刷　百通科技股份有限公司
　　　　　電話：02-86926066　傳眞：02-86926016
出　　版　華夏出版有限公司
　　　　　220 新北市板橋區縣民大道 3 段 93 巷 30 弄 25 號 1 樓
　　　　　電話：02-32343788　傳眞：02-22234544
E - m a i l　pftwsdom@ms7.hinet.net
總 經 銷　貿騰發賣股份有限公司
　　　　　新北市 235 中和區立德街 136 號 6 樓
　　　　　電話：02-82275988　傳眞：02-82275989
　　　　　網址：www.namode.com
版　　次　2023 年 08 月初版一刷
特　　價　新台幣 250 元　　（缺頁或破損的書，請寄回更換）

ISBN-13：978-626-7296-77-6
《天理良心》由呂榮海先生授權華夏出版有限公司出版繁體字版
尊重智慧財產權‧未經同意請勿翻印 (Printed in Taiwan)